LA CASA DEL CARACOL

SANDRA GARCÍA NIETO

LA CASA DEL CARACOL

GALOBART
NUEVA NARRATIVA

EDITA
© The Galobart Books S. L
Calle Carranza, 25; 5º-3
28004 Madrid

COLECCIÓN
Nueva Narrativa

TEXTOS
Sandra García Nieto

DIRECCIÓN DE ARTE Y DISEÑO
David Generoso

DISEÑO DE PORTADA
USER T38

DIRECCIÓN COMERCIAL
Mercedes López Molina

ISBN | 978-84-122003-9-3
Depósito legal: M-24987-2020

Si deseas estar informado de todas nuestras novedades editoriales,
entra en thegalobart.com y suscríbete gratuitamente a nuestros newsletters.

**El proyecto The Galobart Books destina el 0,8% de sus beneficios a fines sociales.
Más información en Thegalobart.com**

ÍNDICE

PRÓLOGO I

Cuando hace algún tiempo llegó esta historia a mis manos, me cautivó desde sus primeros acordes...

Maridar mitología, leyendas, tradición y realidad es algo que me produce una inmensa curiosidad a la vez que conecto con mis miedos del pasado, de cuando éramos niños y creíamos que los monstruos existían...

Pero *La casa del caracol* no es solo un cuento para adultos. Es también una reflexión sobre los traumas que condicionan nuestro destino y sobre la capacidad del ser humano de dar respuesta a hechos de difícil entendimiento.

En todo este universo cerrado y claustrofóbico donde se desarrolla la historia hay un personaje que llena de luz los oscuros parajes de Quintanar, es Berta, una mujer dulce y hermosa que guarda un secreto que la ata a esa tierra, a esa gente, y no la deja escapar. Ese hechizo que envuelve a todos, también la atrapó a ella.

Y, aunque pensó que jamás sería amada, la visita inesperada de este escritor afamado, hará que algo en ella sane y florezca con fuerza.

Sí, el verdadero amor va siempre más allá.

Leer el libro e interpretar a Berta ha supuesto para un viaje de vuelta a mis orígenes, reconectando con mi Andalucía, la tierra que me vio crecer.

Paz Vega
Actriz protagonista

PRÓLOGO II

Esta peli ha sido un viaje muy especial… me leí la novela, el guion y me gustó, hablé con Macarena por videoconferencia y descubrí a una mujer valiente que quería llevar al límite al personaje de Antonio. Trabajamos meses de manera online y una semana antes de empezar a rodar nos desplazamos a Málaga y tuvimos bastantes días de intenso trabajo.

La complejidad de Antonio radica en que él se cree a sí mismo un hombre creativo, melómano y triunfador pero en realidad interpreté a un personaje con problemas de creatividad, inseguro, alcohólico que cuando llega a ese pueblo llamado Quintanar, descubre su complejidad y la muestra al resto de personajes tan inspiradores para él, va moldeándose de tal forma que acaba por encontrarse a sí mismo y descubrir un nuevo camino para su novela.

Con Antonio regresamos a su pasado, ese fue el trabajo, para darle profundidad a toda esa complejidad mental, decidimos buscar al niño, acompañarlo, transitar por su orfandad, el cole, como fueron sus amistades… conforme trabajábamos ese pasado, más claro era el camino que debía recorrer el Antonio de la película.

Todos los personajes de la novela tienen su pasado, todos tienen algo que ocultar, son personalidades ricas y complejas que hace que la lectura sea una delicia. Cualquier acción en el presente es consecuencia de algo que ocurrió en el pasado y ese hace que el lector desarrolle su actividad y vaya encajando las piezas poco a poco de este puzzle psicológico.

Javier Rey
Actor protagonista

1
LA HUIDA

Cuando una batalla está perdida, solo los que han huido pueden combatir en otra.

Demóstenes

Antonio aprieta el botón del CD mientras conduce su todoterreno negro. Comienza a sonar la música, su preferida... *'Là ci darem la mano'* de *Don Giovanni.* Dicen que la música amansa a las fieras. Al menos eso le decían en las terapias. Pero él no está seguro de eso. Como tampoco cree en las terapias. Lo que sí sabe es que esa música le reconforta. Aunque no le saque del todo de su ansiedad y mucho menos de su propia vida. Por eso mismo trata de huir de ella. ¿El destino? El destino es lo de menos. Lo importante es la huida... quizás una huida hacia la nada. ¿Acaso enseñan eso en las terapias? No, en las terapias todo es bla, bla, bla... Muchas veces piensa que la mayoría de los psicólogos deberían tener su bla, bla, bla en sus propias terapias. Y seguramente lo tengan. Tiene que ser muy complicado vivir de problemas ajenos uno y otro día. Sobre todo cuando todos tenemos los nuestros.

Por eso su destino lo eligió por Internet... El sur de España. No es muy ortodoxo escoger así un destino a la primera, pero la chica de la agencia fue especialmente amable y supo vender bien su producto. ¿Qué pensarían en la terapia de eso?, ¿y qué más da? Indudablemente, ver esos paisajes de ensueño mientras conduce le hace relajarse y pensar que no se ha equivocado en absoluto. ¿Por qué no? Nada peor que vivir encarcelado en una ciudad que te ahoga hasta el infinito, incluso cuando ya de por sí te sientes ahogado. Da una calada a su cigarro electrónico. Otras de las perfectas recomendaciones de las terapias: nada de alcohol, nada de tabaco, en definitiva... nada de nada. Y de la nada, nada se saca... o quizá sí. Un sabor insípido y un humo artificial. Aunque siempre hay cosas que merecen la pena, más allá de las terapias. A través del retrovisor comprueba que su perro está plácidamente dormido. A Zeus, que es como se llama, le encanta al igual que a él la música clásica. Y, evidentemente, Zeus no es una fiera. Es un labrador de pelo largo que parece conocerle más que nadie en esta vida. No está muy acostumbrado a viajar en el trasero del coche, pero se amolda a todo. Se lo regaló Sara cuando era un cachorro. Nunca pensó en tener perros. Pero Zeus no es solo un perro... es simplemente su vida entera.

Antonio contempla un paisaje agreste y de elevadas cumbres, muy verdes. Alineaciones montañosas que dejan ver el río que desciende formando un alargado valle. En definitiva, un paisaje idílico. Ciertamente, el paraíso debería parecerse de alguna forma a esto. Desde luego, podría serlo... Un cartel al fondo indica:

BIENVENIDO A ANDALUCÍA

Irónicamente piensa: "Perfecto para perderse, sobre todo para alguien que ya está perdido". Antonio sonríe. Conduce despacio. No tiene prisa por llegar, aunque haya quedado con la de la inmobiliaria a cierta hora. Pero aún queda tiempo de sobra. Solo quiere impregnarse de tanta belleza natural. Abre la ventanilla. Necesita respirar. No puede dejar de notar el aire que huele a azahar, tan puro y tan limpio, que entra en el coche. El sonido del viento le hace volver la vista atrás. Zeus despierta y sacude las orejas:

—¿Te he despertado, chico? No quería hacerlo, pero tienes que sentir esto. Esto no tiene precio, Zeus. Es... es la única cosa que debería ansiar una persona... vale, o un perro... o tú y yo, qué demonios. Lo importante es respirar aire libre. Y siempre caminar hacia un aire más limpio.

Zeus agacha la cabeza.

Las páginas de un manuscrito que reposan en el asiento trasero comienzan a moverse agitadas por el viento. Zeus ladra. Antonio cierra la ventanilla, el manuscrito vuelve a su sitio. Es un manuscrito de una novela: *El inicio*, una novela de Antonio Prieto. Es su segunda novela, la primera, *La calma,* tuvo un relativo éxito. Incluso estuvo dentro de las veinte más vendidas. Pero con esta segunda, la editorial tuvo muchas más dudas. Él también las tiene. Para qué negarlo. Así es el trabajo del escritor: hoy te encumbran... y mañana te matan. Y lo peor de todo es que uno nunca está satisfecho del todo con lo que escribe. Y podría volverlo y volverlo a escribir... incluso cuando ya te han dado premios y considerado como alguien importante. Tú sientes que siempre algo falta o falla en tu novela.

Antonio sonríe:

—¡Vale, Zeus!, te tendrás que ir acostumbrando al viento. Los dos lo haremos.

El móvil suena. Antonio lo mira, aunque lo omite. Es Sara, su representante. Diez años mayor que él, atractiva y, sobre todo, muy segura de sí misma. Al menos en apariencia. Representante, confidente y, a veces, amante ocasional. Antonio canta la ópera para distraerse del sonido del móvil, pero finalmente salta el contestador:

—Hola, Toni. Llevo toda la noche sin dormir... Estoy preocupada, sobre todo al ver tu cara después de la estúpida reunión de ayer. Te fuiste sin decir nada... aunque créeme que te entiendo. ¡Hijos de puta! ¿Qué coño sabrán ellos? ¡Dios! ¡Ya los conoces! ¡Son unos auténticos cretinos! Pero eso es lo de menos... Esperaba hablar contigo... No sé, tomarnos algo... En fin, qué narices, despotricar, reírnos de ellos y del mundo, y acabar borrachos como una cuba como hacíamos antes en cualquier bar inmundo.

Antonio suspira, baja el volumen de la música y conecta el manos libres:

—Hola, Sara.

—¡Joder, Toni!

—Si te refieres a cómo acabábamos borrachos follando en mi sofá... eso era antes. Antes de que tú te enrollaras con uno de esos cretinos... Sara, los cretinos... son cretinos, pero el viento no sopla igual para todo el mundo. Y te aseguro que tendrías que sentir este viento. Sinceramente, dan ganas de dejarlo todo.

—Pero... ¿qué dices, Toni? ¿Dónde estás?

—¿Qué más da eso?

—¡A mí no me da igual! ¡Somos amigos!

Antonio sonríe.

—¡Pues claro! Por eso no quiero quitarte el sueño. Y ciertamente... esos putos cretinos, incluyendo al tuyo, tienen razón en una cosa: mi novela no es buena.

—¿Qué estás diciendo? ¡Claro que es buena!

—¡Da igual, Sara! Necesito desconectar de todo, incluso de ti. Perdona, no te ofendas.

—¿Desconectar? ¿Qué coño significa *desconectar*? Querrás decir que te tomas unos días para aclarar tus ideas. Sé que los necesitas... Últimamente estás un poco tenso... Bien, aprovecha el fin de semana, el lunes vuelves y hablamos de la reunión.

Antonio vuelve a sonreír. Sube la música para que Sara la escuche.

—¡Toni, Toni…! ¿Me estás escuchando? Vale, pues el martes o el miércoles… Tómate tu tiempo.

Antonio canta al son de la ópera fuertemente:

—*Andiam, andiam, mio bene…*

Sara está fuera de sí.

—¡No hagas tonterías, Toni! Firmaste un contrato… Sabes que tienes que volver… Nos jugamos mucho.

Antonio sigue cantando:

—*A ristorar le pene…*

Sara está cada vez más nerviosa.

—¡Al menos, dime dónde vas!

Antonio sigue cantando sin escucharla.

—*D'un inocente amor…* ¡Adiós, Sara! ¡Ya te llamaré!

Antonio desconecta el móvil y sigue cantando.

No es que Sara no sea su amiga, y ni siquiera le reprocha su relación con el editor de turno. Al fin y al cabo, es lógico. Y, ciertamente, es la única que se ha ocupado de él en los últimos años. Incluso cuando más solo y más perdido ha estado. No la puede culpar de nada. Hace su trabajo como nadie, y siempre ha estado cuando la ha necesitado. Pero la amistad es algo que para Antonio entraña toda una paradoja. Al igual que el amor. Porque ambas son palabras complejas, y mezclarlas puede ser tan peligroso como mezclar el fuego y el agua. Sobre todo… porque esas palabras para él son simples palabras propias solo de una novela, sin sentido ninguno. Solo palabras.

2
LA LLEGADA

Igual que el alma, que es aire, nos
conserva en la vida,
el aliento y el aire nos envuelven
y mantienen el mundo.

Anaxímenes

Antonio mira el paisaje, sigue siendo increíble... pero un velo de neblina lo acompaña. Dificulta un tanto la visión. Algo le da un susto de muerte y frena el coche de golpe. Ni siquiera sabe bien qué es. De pronto, nota unos enormes ojos que le producen un gran estupor. Es una enorme vaca en medio de la carretera que lo mira fijamente, incluso parece que clavara su mirada en la suya. Como si se metiera en su interior. Antonio se estremece. Zeus no deja de ladrar. Un grito seco le hace volver en sí. Entre la neblina aparece un hombre, enjuto de rostro y pequeño de cuerpo, como consumido. Lleva una boina que le tapa las innumerables arrugas que el sol ha marcado en su faz. Se apoya en una vara, más por costumbre que por necesidad, ya que se le ve ágil. En un lenguaje que Antonio no comprende, lleno de onomatopeyas ininteligibles, aparta del camino a la vaca sin ni siquiera dignarse a mirar a Antonio. Él baja la ventanilla y le da las gracias con un gesto más de temor que de cortesía. Pero el pastor le devuelve el gesto con el brazo como con desprecio, sin mirarle, y desaparece tirando de su vaca al igual que vino.

Antonio respira hondo y se dice: "¡Vale, acostúmbrate también a esto! ¡Mucho peor es el metro a hora punta!". Sonríe, vuelve a coger el cigarrillo y continúa su camino, mientras intenta calmar al perro, que sigue mirando por el cristal de atrás.

Se aproxima al pueblo, el pueblo en el que ha alquilado la casa. Es un pueblo pequeño, muy frondoso, con caminos estrechos en los que parece que los árboles tan verdes intentan abrazarse entre ellos. Incluso se diría que susurran. O al menos eso le parece a Antonio. Vuelve a sonreír y habla solo, algo muy habitual en él:

—Vamos, Antonio, los árboles no hablan... aunque si lo hicieran... ¿qué te dirían? Quizás algo como "acertaste, Antonio, aquí puedes descansar, y arreglar esa estúpida novela y si no... olvidarte de ella. Incluso quemarla. Y a la mierda todo".

Antonio sonríe de nuevo. Ojalá los árboles hablaran. Seguro que le dirían cosas más lógicas y mucho más coherentes de lo que le podrían decir muchos humanos. Hasta Zeus es más lógico y coherente y entiende las cosas mejor que muchas personas.

Antes de entrar en el pueblo le llama especialmente la atención uno de los árboles, que no sabe bien por qué le remite a la película *El árbol del ahorcado*. Y ante su perplejidad hay una niña debajo de él saltando a la comba. Si fuera director de cine, seguro que habría plasmado esa imagen. Se acerca despacio con el coche y puede oírla cantar. Una melodía de toda la vida, una melodía de la infancia:

Caracol, col, col,
saca los cuernos al sol,
que tu padre y tu madre
ya los sacó...

Antonio frena el coche. La niña deja de cantar. Antonio baja la ventanilla y la llama:

—¡Eh, perdona! ¿Puedes ayudarme?

La niña se acerca despacio con su comba en la mano. Apenas tiene ocho años. Cuando está junto al coche le mira muy seriamente. Antonio se sorprende. La niña tiene un defecto en la boca. Tiene el labio leporino. No es muy agradable, pero él intenta disimular.

—¡Hola, preciosa! ¿Tú sabes dónde queda la casa que se alquila? Una casa grande.

La niña no habla. Antonio reconoce su error. No es bueno acercarse así a los niños. Aunque tampoco es normal que la niña esté en ese paraje totalmente sola.

—No pasa nada, pequeña, ya la encontraré. Esto no es tan grande. Sigue jugando.

Antonio intenta subir la ventanilla. La niña le da unos golpes en el cristal. Antonio la vuelve a bajar. La niña sigue igual de seria, pero le hace una indicación con la mano y le explica:

—Es por allí. Tienes que atravesar el pueblo y al final la verás. La casa grande.

Antonio le guiña un ojo.

—Gracias, guapa.

La niña sigue con su rostro impasible.

—¿Tú eres el Vímero?

—¿El qué?

—Un monstruo que mata a gente.

Antonio no sabe bien qué decir, pero acaba sonriendo.

—¿Acaso te parezco yo un monstruo?

La niña calla por un momento y se encoje de hombros.

—No lo sé…

—No, pequeña. No soy un monstruo. Solo soy un hombre que se ha perdido, no solo aquí. Estoy perdido, en general. Pero no creo que tú lo puedas comprender.

En el fondo, aunque le ha sorprendido la pregunta, también se siente mal por su contestación. Es solo una niña, y sus problemas ni los entiende ni le interesan. ¿Un monstruo? Piensa que no hay nada más imaginativo que la infancia. Ojalá él pudiera volver a ese momento, sobre todo si pudiera llegar a recordarla. Su infancia es algo que ha perdido. Al igual que muchas otras cosas. Pero aunque no sea un niño, los monstruos siempre han vivido en su mente. Aunque, ciertamente, este lo desconocía.

Mira a la niña, no con ternura, no es algo habitual en él, aunque lo intenta.

—Mi nombre es Antonio. Y tú ¿cómo te llamas?

—Soledad.

—Bonito nombre. Gracias, Soledad. Y sigue cantando.

La niña no se despide. Coge su comba y vuelve a su sitio saltando y cantando un estribillo:

Caracol, col, col
saca tus cuernos al sol,
que si no te mataré
con la espada de San Miguel,
con la trentis y el badío,
con el tuyo y con el mío.

Antonio se estremece ante lo macabro de la canción de la niña. Acelera y deja atrás la visión de la pequeña saltando a la comba. Vuelve a coger su cigarrillo y da una calada intensa. El soniquete del *Caracol* resuena en sus oídos.

—¡Ah, Zeus! ¿No le podrían haber puesto a la niña otro nombre… como Pilar o Laura…? ¡Yo qué sé! Pero Soledad… en este contexto y con ese árbol…

Zeus gime. Está obviamente cansado.

No parece haber sido un buen comienzo, pero al fin y al cabo era solo una niña. Él también está agotado y tiene ya ganas de llegar.

Se adentra en el pueblo. Parece que en ese lugar el mundo entero se hubiera detenido o, viéndolo más de cerca, parece que fuera un lienzo, una pintura de paisaje costumbrista. En cuyo caso, sería el lugar perfecto para montar un belén de Navidad: abrevaderos, establos, todo de madera, piedra y teja. Faroles de hierro, calles empedradas, casas con balconadas de estilo colonial... y, sin embargo, no hay casi nadie, ni en los balcones ni en la calle. Parece un pueblo abandonado. Retoma su conversación con Zeus:

—¿Y los pastores, Zeus? ¿Dónde están los pastores?

Tras otra calada de su cigarrillo llega a lo que parece la plaza. Y aparca el coche. Ni siquiera sale de él. Simplemente observa. Todo guarda el encanto de los pueblos antiguos, pero por otro lado hay algo en el ambiente que transmite una sensación de soledad. A Antonio no le desagrada del todo. Al fin y al cabo, cuando huyes... huyes con todas las reglas. Y la soledad es necesaria. Vuelve a sonreír y se pregunta: "¿Realmente lo es? A lo mejor es que nuestro problema es que nos sentimos solos, completamente solos aunque estemos rodeados de tanta gente. Y eso nos asusta, por eso nos empeñamos en buscar otra soledad para evadirnos de los verdaderos problemas".

—¡Vaya, maldita terapia! ¿Verdad, Zeus?

Zeus sube las orejas. Tiene ganas de salir del maldito coche.

Antonio reacciona y mira a su alrededor. Por fin algo de vida... tres viejos con boina sentados en un banco de piedra. Tienen la mirada perdida. Ni siquiera se hablan. Antonio supone que no es solo por aburrimiento, sino más bien por la costumbre. Quizás ya no tengan nada que decirse. Una mujer carga con un gran cesto de panes calientes atravesando la plaza. Lleva el delantal manchado de harina. Va seguida de un perro ratonero. La mujer saluda a los hombres con un gesto de cabeza, sin decir palabra. Sentada en otro banco hay otra mujer, una vieja ataviada de negro riguroso con pañuelo, toquilla y también delantal. Se balancea adelante y atrás apoyada en un viejo bastón de madera. Lo hace de una forma monótona, como si fuera un tic. Tiene los ojos huecos, vacíos. Es ciega.

Antonio cree cada vez más que ha vuelto al pasado. Y sonríe de nuevo. Debería contar esto en la terapia y serían capaces de mandar a todos para acá y dejarse de tantas pastillas. Aquí no parece haber problemas, y si los hay… no parecen contarlos. No debe hacer falta.

Arranca su coche y ninguno en la plaza parece percatarse de ello. Ni le miran. Sale del pueblo y sigue su camino cada vez más estrecho y menos asfaltado. A lo lejos puede ver lo que se supone que es la Casa Grande.

3
LO DESCONOCIDO

Todo lo desconocido
se supone maravilloso.

Tácito

Antonio llega a la casa. Aparca el coche. Saca a Zeus de su calvario, que comienza a correr feliz aunque no sabe bien hacia dónde. Se acerca a la puerta. La casa está cercada por un muro de piedra con una portalada de dos cuerpos de gran robustez, separados por una línea de impostura muy moldurada. Intenta buscar un timbre, pero es obvio que con los años que tiene la casa no existe. Trata de empujar la puerta, pero resulta inútil. Mira a su alrededor. No hay nadie. Se supone que alguien debería estar allí para recibirlo. Coge su móvil y llama a la inmobiliaria, pero no responden. Solo tiene dos opciones: esperar o irse. En la inmobiliaria tendrían que saber la hora de su llegada. No quiere ponerse nervioso, no ha venido precisamente a eso. Da otra calada a su cigarrillo, mientras Zeus husmea por un lado y por otro. Parece gustarle aquello. Acostumbrado a tanto asfalto, debe sentirse en la gloria.

Su móvil suena. Es la inmobiliaria. La agente está a punto de llegar. Ha tenido problemas con la niebla. Antonio da las gracias.

Vuelve a hablar con Zeus:

—¿La niebla o quizás alguna vaca inoportuna?

Se apoya de espaldas en el portón y este se abre despacio. Le da un susto de muerte. Antonio empuja un poco más para abrirlo del todo, esperando que haya alguien detrás. Pero no hay nadie. Entra despacio en dirección a la casa mirando hacia todos los lados.

—¡Hola!, ¡hola! ¿Hay alguien ahí?

Pero no recibe ninguna respuesta.

Antonio observa la casa. Es una casona de estilo colonial de piedra y teja, adornada por plantas trepadoras. El jardín es frondoso, aunque está algo descuidado. Zeus entra tras él y comienza a correr por el terreno como si ya fuera su hogar. A Antonio le hace gracia. Quizás él ya ha decidido que ese puede ser su destino. Antonio se acerca despacio. Sobre la entrada principal, un escudo, seguramente perteneciente a la familia que la hizo construir. Es un escudo en el que se exponen las armas de la familia de un blasón heráldico: dos lobos de sable puestos en palo. Alrededor, una bordura de gules con ocho aspas en llano y punta y sobre el centro de la parte superior de la bordura, un dragón con las alas abiertas. Bajo el escudo, una inscripción: "Si Dios con nos, nos contra vos".

A Antonio le sobrecoge la inscripción y el escudo en general. Lo mira fijamente hasta que le parece que el dragón toma forma y ruge por un segundo. Alguien le toca el hombro. Antonio se estremece y mira hacia atrás con miedo. Una chica de unos treinta y cinco años, atractiva, le sonríe.

—¡Perdone! No quería asustarle. Supongo que usted es Antonio Prieto.

Antonio está totalmente asustado. Ni siquiera puede hablar. Reacciona torpemente:

—¡Sí, sí! Y usted es…

La chica nota su nerviosismo.

—Soy Berta, de la inmobiliaria. Hablamos por teléfono, ¿se acuerda?

Antonio está aturdido.

—¡Sí, claro!

Berta trata de excusarse:

—Siento haber llegado con retraso, aquí la niebla complica mucho el tráfico.

Antonio vuelve a mirar el escudo. Parece que está todo en su sitio. Berta le mira extrañada.

—¿Se encuentra bien? Parece que hubiese visto un fantasma. ¿Es por el escudo? Entiendo que le impresione. ¿Le asusta? Es solo un escudo antiguo. Como la casa. Pero está todo en condiciones. Nuestra empresa se encarga de eso.

Antonio comienza a reaccionar sobre todo por la enorme sonrisa de Berta, que podría vender lo que quisiera.

—¡Claro, claro! Eso espero.

Zeus llega corriendo desde algún lugar del jardín. Trae una piña en su hocico y la deja a los pies de Berta. Ella vuelve a sonreír mientras le masajea la cabeza.

—Y nuestro amigo, ¿quién es?

Antonio mira extrañado a Zeus. No es que sea un perro esquivo, pero tampoco suele dar tantas confianzas a la primera. Es como si ya conociera a Berta.

—Es Zeus. Sería capaz de encontrar todo lo que haya escondido en cualquier parte.

Berta no deja de acariciar a Zeus.

—Y supongo que también ha sido él el que ha abierto la verja...

Antonio vuelve a mostrar nerviosismo.

—¿La verja?

La sonrisa de Berta puede más que él.

—¡Sí! ¿Cómo ha conseguido entrar? Esa puerta es muy difícil de abrir.

Antonio se sorprende aún más.

—Yo solo me apoyé y... se abrió sin más.

Ahora la sorprendida es Berta.

—Ya, ya. Pues a mí me cuesta abrirla incluso con la llave. Debe de tener usted una fuerza extraordinaria. Pero sigo pensando que ha sido Zeus.

Antonio sonríe más por nerviosismo que por otra cosa. Y Berta trata de hacer su trabajo.

—No sé si es lo que esperaba. Está claro que en las fotos uno no se puede hacer una idea, pero usted dijo que quería algo típico y aquí es lo más típico que se puede ofrecer.

Antonio comienza a calmarse. La voz de Berta y su mirada, aunque sepa que está haciendo su trabajo, le transmiten un poco de serenidad.

Berta continúa con su cometido:

—Sígame y le enseñaré la casa por dentro.

Ella camina delante de él. Antonio la sigue. Pero, curiosamente, Zeus no deja de ir detrás de Berta. No se siente incómodo para nada, al contrario

Berta va vestida con un traje chaqueta y camisa blanca; no lleva demasiado tacón. Él percibe que ese no es el *look* con el que se siente cómoda, pero se supone que en todos los trabajos te obligan a hacer cosas que no te agradan.

Berta mira hacia atrás. Antonio está un poco perdido. Ella lo percibe.

—Un viaje largo, ya lo entiendo. Demasiadas curvas quizás.

Antonio no sabe bien qué decir...

—Sí. Supongo que será eso. Solo quería llegar.

Berta sonríe.

—Pues ya está aquí. ¡Bienvenido al Sur!

Se acercan a la entrada principal. Un caracol se desliza por la puerta lentamente. Antonio lo coge. Parece hacerle gracia. Berta vuelve a sonreír.

—Eso en nuestra tierra quiere decir que van a venir aguas, que falta nos hace, por el cambio climático, ya sabe.

Antonio sonríe también.

—Claro.

Deja al caracol sobre una piedra. Se hace un silencio. Los dos se miran. Antonio está nervioso. El móvil de Berta suena.

—Perdón, señor Prieto.

Antonio hace un ademán de excusarla.

Berta habla con alguien de la inmobiliaria. Y aunque se aleja, Antonio puede escuchar su conversación.

—Estoy en el pueblo. Sí, con la casa grande... No lo sé… Ya sabéis que esta no es fácil… Ya… Vale… Lo intentaré… Luego te cuento.

Antonio vuelve a mirar a Zeus. Está escarbando debajo de un árbol. Nunca lo había visto tan feliz. Y por otro lado, él necesita desconectar, y qué demonios… esa chica está claro que necesita llevarse su tanto por ciento.

Berta se acerca.

—Perdone. Era de la inmobiliaria. Necesitan saber siempre dónde estamos exactamente.

Antonio la sonríe.

—¡Claro! Bueno, pues si quieres entramos, y firmamos los papeles.

Berta le mira extrañada.

—Pero si ni siquiera ha visto el interior.

Antonio está casi sudando. Necesita relajarse. Y sobre todo necesita ubicarse en algún lugar. Y, desde luego, aunque no haya visto el interior, parece que Zeus está pletórico. Sigue corriendo por el césped.

—Está claro que Zeus ha decidido por los dos. El interior es lo de menos. Y tu inmobiliaria puede estar tranquila. Y espero que tú también.

Berta se muestra aturdida. No es algo habitual.

—¡Sí, claro, pero verá…!

Antonio la mira fijamente.

—Veré, veré el interior. Y si no te importa... preferiría que me tutearas. Los dos somos jóvenes. Y creo que he encontrado lo que buscaba.

Berta no da crédito.

—¡Está bien! Me alegro. Eso no siempre es fácil.

Antonio no sonríe, más bien hace una simple mueca.

—¡Claro que no! ¿Quién dijo que algo en esta vida es fácil? Entremos, hagamos el papeleo y así podré introducir mis cosas. Y tú podrás seguir tu ruta. Yo ya llegué a mi destino.

Berta coge nerviosa la llave y abre la puerta. No puede reprimir pronunciar una cita sin ni siquiera mirarle: "Algún día en cualquier parte, en cualquier lugar indefectible, te encontrarás a ti mismo, y esa, solo esa, puede ser la más feliz o la más amarga de tus horas...".

Antonio se estremece. Berta abre la puerta y le mira seriamente.

—Es de Neruda.

Antonio no sabe qué decir.

—Neruda... ¡Claro!

Berta vuelve a sonreír mientras le hace pasar a la casa.

—Es mi escritor preferido. Tú también eres escritor, ¿no?

Antonio entra en la casa. Está un poco desconcertado.

—Bueno... he escrito un libro —puntualiza sonriendo levemente—, pero supongo que escribir un libro no le convierte a uno en escritor, como tener un piano no te convierte en pianista.

Berta vuelve a derrochar su increíble sonrisa.

—Supongo que no.

La sonrisa de Berta es para Antonio algo indescriptible. Lo llena todo, al igual que su mirada. Antonio vuelve a verse perdido.

—Y, por supuesto, disto mucho de ser ni parecerme a Neruda —concluye sin saber bien por qué—.

4
LA CASA

Una morada construida por la naturaleza nos ahorraría mucho trabajo y, sin duda, nos ofrecería un refugio todavía más seguro, porque estaría tan bien defendida contra los enemigos de dentro como contra los de fuera.

Julio Verne

Es una casa tan típica por dentro, como lo es por fuera. Guarda el encanto de siglos pasados, aunque le falta algo de reforma. Se puede ver el entramado de las viejas vigas de roble y las paredes de piedra vista. Un gran espejo adorna el vestíbulo. Bajo este, un aparador de madera rústica.

El móvil de Berta vuelve a sonar. Lo mira y corta la llamada.

—Perdón.

—No te preocupes.

Berta vuelve a hacer su trabajo, enseñándole a Antonio su nuevo hogar.

—Es una casa del siglo XVIII. Así que si notas que hay ruidos extraños en la noche no es ningún fantasma, es solo que la madera se queja de vieja. Forma parte de su encanto.

Antonio sonríe.

—Ya. O a lo mejor es que los caracoles están haciendo carreras de fondo.

Berta suelta una carcajada.

–¡Quién sabe!

Berta sigue mostrándole la casa. Abre una doble puerta y pasan a un salón con fachada de sillería y entramado a modo de espiga.

—Este es el comedor.

El móvil de Berta vuelve a sonar. Mira a Antonio.

—¡Dios, lo siento! Es solo un momento…

—¡Claro, tranquila!

Berta se aleja para hablar. Antonio aprovecha para contemplar más detenidamente el salón. Es una estancia suntuosa: cortinas aterciopeladas en las ventanas y una mesa de madera noble con cincelados. Las sillas son isabelinas, de nogal antiguo. Cuatro en cada lado. Las paredes están decoradas con tapices seguramente del siglo XVIII, tal y como ha dicho Berta. Uno de ellos refleja una estampa típica de cacería: hombres montados a caballo persiguen liebres acompañados de perros lobo. Este cuadro le llama especialmente la atención. Sobre todo los lobos, un animal que siempre le ha perseguido en sus pesadillas. El sonido del tictac de un reloj le saca de su ensimismamiento. Mira a su alrededor, pero en la estancia no hay ningún reloj. La voz de Berta le hace volver en sí del todo. Viene con Zeus, que lleva una piña en el hocico.

—Lo siento. Era nuevamente la agencia. Y nuestro amigo sigue rastreando todo el jardín. ¿O es que te habías olvidado de él?

Zeus no deja en paz a Berta. Antonio sonríe.

—Vaya, parece que le has gustado. No suele ser tan amistoso... La casa está muy bien, Berta. Esto es maravilloso

Antonio se paraliza frente a la escalera de caracol situada en el vestíbulo. Los peldaños son de madera y acero y los pasamanos de un color dorado intenso, aunque algo deteriorado por el tiempo. Y satisfecho exclama:

—¡Y además esta escalera de caracol! ¡Vaya! Parece que todo concuerda. A lo mejor es un presagio, tanto caracol... ¡Me encanta!

Berta mira a su alrededor. A ella no le parece para tanto. Más bien le da cierto miedo, pero al fin y al cabo es la casa más difícil de colocar en ese lugar y casi no le ha costado nada alquilarla. Así que vuelve a sonreír. En la agencia no se lo van a creer.

—Pues... ¡qué bien! ¡Ojalá que así sea! Y te pueda servir de inspiración. *La casa del caracol...* no sería un mal título para tu novela. A mí me gusta.

—¡No, no lo sería! Solo falta escribirla.

Antonio vuelve a observar el tapiz.

—¿Te gusta? —pregunta Berta sorprendida.

Antonio ni siquiera la mira.

—No. No mucho.

Berta vuelve a estar nerviosa.

—Bueno, pues se puede quitar... En realidad, tienes razón, es un poco patético. Todo lo que no te agrade, la agencia lo quitará.

Antonio ni siquiera la mira. Solo mira a su alrededor.

—No, no te preocupes, Berta. Todo es perfecto... Es tan... tan... quizá demasiado grande...

Berta ya no sabe qué decir. Y casi le puede más la curiosidad que le produce ese hombre extraño que va a alquilar una casa en un pueblo que casi nadie visita. En cierta manera, y aunque todo le parece raro, hay algo en él que le atrae. Y aunque no es muy dada en meterse en la vida de nadie, no sabe bien por qué necesita saber más de él.

—Quizá demasiado grande. Tienes razón. Pero si tienes familia... pues entonces es perfecta.

Antonio la mira sonriendo.

—No. Estoy solo, como el caracol. Solamente necesito un poco de paz y retiro. Eso es todo.

Berta no acaba de saber por qué con esa contestación se ha sentido por un momento a gusto. No tiene hijos ni mujer. Es solo un escritor que necesita desconectar del mundanal ruido. Y aunque no deja de parecerle raro, hay algo en él que le agrada. Quizá sea tantos años de soledad, pero la mirada de Antonio, en cierta manera, le recuerda mucho a ella. Es posible que no tengan nada que ver. Ni siquiera sabe nada de su vida. Pero hay miradas que lo delatan todo. Berta reacciona:

—Pues entonces, has venido al lugar perfecto. Aquí solo encontrarás eso: retiro y soledad.

Antonio la mira extrañado.

—¿Es eso lo que sientes tú aquí?

El móvil de Berta vuelve a sonar. Y esta vez lo agradece, para poder esquivar la pregunta tan directa de Antonio.

—¡Dios, lo siento nuevamente! —se disculpa desconectándolo.

Mira el reloj. Parece apurada. Antonio intenta acabar por las dos partes con tanto estrés.

—Por mí está todo bien. Así que si quieres, firmamos esos papeles.

—¿No quieres ver el resto de la casa?

Zeus llega con un palo en el hocico y se lo acerca a Berta. Los dos ríen.

—Es un palo de la chimenea —dice Berta con su espléndida sonrisa.

—¿Lo ves? Zeus ya ha inspeccionado la casa por mí. Y lo que le queda. Lo que no sé es si acabará comiéndoselo todo. Incluso los caracoles. Así que firmemos esos papeles y te puedes ir tranquila.

—Espero que no… Los caracoles son autóctonos —bromea

Berta saca unos papeles y los coloca sobre la mesa.

—Está bien. Léelo, y si estás conforme, puedes firmar aquí y aquí.

Antonio ni siquiera lee el contrato. Lo firma.

—Bueno, pues ya está. ¿Qué fácil no?

Berta vuelve a sonreír. Si él pudiera describir esa sonrisa en un papel… Pero, evidentemente, describir no es lo mismo que observar, y sin embargo, si fuera capaz de plasmarla como Leonardo da Vinci hizo con *La Gioconda*… tampoco sería preciso. Nadie podría dibujar esa sonrisa. Ni siquiera Da Vinci.

Berta le trae de vuelta de donde ni siquiera él sabe que ha estado por un instante.

—Bien. Ahora ya sabes que, en cierta manera, eres parte del pueblo.

Antonio se muestra algo cohibido.

—Nunca me he considerado de ningún sitio, pero quizás este entorno llegue a seducirme.

—Bueno, eso nunca se sabe.

Berta coge sus papeles y se dirige hacia la puerta. Zeus va tras ella y ladra.

—¿Me lo llevo?

—¡No! Pero supongo que quiere decir que vuelvas cuando quieras. Le conozco demasiado.

—Eso está claro. Mañana traeré a la mujer que me pediste para que llevara la casa. Espero que te guste. Viene recomendada.

—¿Ah, sí? ¿Por quién?

—Por mí.

Ahora el que sonríe es Antonio.

—En ese caso… seguro que es perfecta.

—Para mí, sí. Es mi hermana. ¡Qué voy a decir yo! Pues hasta mañana entonces. Tienes ahí en los papeles mi móvil… por si, no sé… si hay algún problema… Ya sabes… con las carreras de fondo u otras cosas.

—Ya sé. No te preocupes. Procuraré defender a vuestro animal autóctono.

Berta se va. La puerta se cierra. Antonio la observa a través de la ventana. Se monta en su coche no sin antes volver a mirar hacia la casa. Antonio corre la cortina y el coche se aleja. Mira a su perro. Sigue entretenido con el palo de la chimenea. Parece como si él ya se hubiera ubicado plenamente en el lugar y en la propia casa. Pero, bueno, al fin y al cabo es un perro. Ojalá él pudiera hacer lo mismo. Nunca ha sido capaz de sentirse a gusto en ningún lugar, y lo ha intentado en muchos sitios después del orfanato. No es que en el orfanato estuviera bien, pero no recuerda otro sitio de su infancia... no es el lugar el que hace al hombre, sino el hombre el que hace su lugar... ¡Vaya, otra vez frases de la maldita terapia! ¿Y cuál es su lugar?

Antonio abre su coche y saca una sola maleta. Y una caja grande. Las introduce en la casa y las deja en el vestíbulo. El caso es que la casa tiene algo que también sería difícil describir. Y aprovecha para seguir descubriéndola. Se adentra en lo que parece ser una biblioteca. Al igual que el comedor, es una estancia que rebosa paz y encanto antiguo. Destacan dos sillones Luis XV tapizados en verde, que están directamente ubicados frente a la chimenea. De ahí sacó el palo Zeus. Y decorando las paredes, cuadros, que esta vez muestran bodegones, también con motivos de caza, pero sin perros. Un tocadiscos antiguo reposa sobre una mesa auxiliar. A su lado, varios discos. No resulta lógico que una casa de alquiler dejara todo eso, pero es algo que no le desagrada en absoluto. A lo mejor el tocadiscos no funciona, es solamente un adorno, y los discos son de broma. Se acerca a comprobarlo. Coge uno al azar. Es de María Callas, nada más ni nada menos que *Madama Butterfly*... Le parece increíble. Coloca el disco en el aparato y la aguja sobre él. Ya ni siquiera se acuerda de cómo funcionaban estos chismes. Y, por supuesto, da por hecho que este no va a funcionar nunca. Pero, para su sorpresa, la música comienza a sonar. Cierra los ojos. ¿Es posible que por una vez en la vida ocurra algo bueno?

Zeus llega a su encuentro atraído por la música. Se cansó del palo y sabe que cuando hay música, toca descansar. Así que se acuesta en el suelo mirando hacia la chimenea. Antonio examina los estantes que hay a su derecha repletos de libros. Son ejemplares muy antiguos, algunos en edición facsímil. Y, casualmente, entre ellos encuentra uno de Neruda. Antonio sonríe y lo coge. Lo abre por una página cualquiera y lee: "El niño que no juega no es un niño, pero el hombre que no juega perdió para siempre al niño que vivía en él y que le hará mucha falta".

Antonio cierra el libro de golpe. Vuelve a escuchar el tictac. Colgado en un lateral de la pared hay un reloj antiguo. Marca las 10:10. Y aunque suena, las agujas no se mueven. Antonio mira su reloj y comprueba que no es esa la hora. Son las cinco y media. Cambia la hora del reloj. Y se percata de que debajo hay algo cubierto con una sábana. Antonio descubre la sábana: es un billar de madera antiguo, aunque no está en mal estado. Siempre le gustó jugar al billar. Antonio mira a Zeus y exclama:

—¡Joder, Zeus! ¡Menuda reliquia! ¡Es genial! Todo esto lo es.

Zeus solo levanta las orejas.

—Vamos a ver el resto

Antonio coge su maleta y sube la escalera de caracol despacio. Cuando llega al piso de arriba mira hacia abajo. Realmente esa escalera impresiona. Le recuerda a esa película… *La escalera de caracol*. Esa película tan antigua sobre un asesino en serie, cree recordar. Una película de los años cuarenta. Zeus le sigue.

La habitación está en el piso de arriba. Es una estancia de estilo colonial. Abre el armario. Es un mueble de madera de roble y castaño rústico, con herrajes en metal y marquetería en forma de rectángulo. Coloca en las perchas sus camisas y sus pantalones, luego, sus zapatos, su bufanda… todas sus pertenencias. Lo hace despacio, llevado por la música y el encanto de la estancia, que pese a que guarda una reminiscencia antigua es sorprendente: paredes de piedra vista y una cama con dosel, cabecero de forja y colcha labrada en un beige cálido. Rebusca en un lateral de la maleta y saca un caleidoscopio antiguo. Lo posa sobre la mesilla. Y mientras acaba de colocar todo lo suyo no puede dejar de preguntarse: "¿Una maleta, un portátil y un caleidoscopio? ¿Eso es todo lo que soy? ¿A eso se puede reducir todo?".

Zeus ladra. Siempre a tiempo para sacarle de sus malos pensamientos.

—¡Vale, Zeus! ¡También te tengo a ti! Y mira dónde vas a dormir… en esta cama digna de un príncipe. ¡Y qué cojones! Tenemos una caja llena de whisky y tus premios ahí abajo. ¡Vamos a celebrar nuestra llegada, pequeño!

Zeus vuelve a ladrar de alegría moviendo la cola. Sigue a Antonio por las escaleras.

El disco se está rayando. María Callas suena ya distorsionada. Antonio lo quita. Era lógico. Saca su portátil. Y su manuscrito de la novela, que deja sobre el sofá. Abre la caja del vestíbulo, en la que hay doce botellas de whisky, seis vasos de chupito y un cuenco con dos bolsas de comida de perro. Coge el cuenco y lo llena con la comida. Se lo ofrece a Zeus. Abre una botella de whisky y se sirve un chupito que se toma de un trago. Se sienta en el sofá.

—¡Salud, amigo! ¡Por lo desconocido!

¿Lo desconocido? Piensa qué tipo de frase es esa. ¿Otra de manual? ¿O más bien de *Matrix?*

Intenta relajarse. El móvil suena… Antonio mira la llamada, hace una especie de mueca y no lo coge. El móvil vuelve a sonar… se sirve otro chupito y se lo vuelva tomar de un trago. El móvil sigue sonando. Salta de nuevo el contestador. Es Sara.

—Toni, escucha… ¿Por qué no coges el teléfono? Ya ni siquiera te voy a preguntar dónde estás. Pero he hablado con los directivos. Quieren verte el lunes. Y arreglar el tema. Incluso proponen a alguien de su confianza y de renombre que te ayude a retocar el texto si tú no estás en condiciones. Aunque la novela irá lógicamente a tu nombre. Toni, si es por lo mío... no deberías tomarte esto como un tema personal. Es tu trabajo lo que importa. Espero tu llamada, Toni. Sabes que estoy contigo a fuego.

Antonio desconecta el móvil, se vuelve a tomar otro chupito de whisky y sonríe.

—¿Te das cuenta, Zeus? No es un tema personal... Sara... Sarita... En esta puta vida, todo lo que se piensa, se hace y se decide es personal, porque como la propia palabra indica, atañe a la propia persona. Tu vida, tu trabajo, tu mierda de novela y tu propia mierda... todo es personal. Incluso intentar salvar a las ballenas es un tema personal o dar de comer a las palomas... o coleccionar búhos... o qué se yo... TODO es personal. Así que no me vengas con más mierda tú y los directivos y ese hombre de renombre que intenta retocar mi novela.

Antonio coge el móvil y se acerca a la ventana. La abre. Por un momento duda si tirarlo o no. Finalmente, lo lanza al jardín esperando que se haga añicos.

—¡Y esto también es personal!

Mientras observa su móvil destrozado, repara en un columpio al fondo, un columpio antiguo. No se había percatado al entrar. Ciertamente, a la casa no le falta ni un detalle. Podría ser perfectamente la típica casa de una película de miedo. Pero él no tiene miedo, sobre todo porque lleva toda su vida conviviendo con él.

Se sirve otro chupito y enciende el ordenador. Mira su manuscrito y comienza a escribir algo. El tictac del reloj le desorienta. Lo mira. Es curioso, vuelve a marcar las 10:10. Y son las 20:30. Se encuentra cansado y ebrio.

5
LA NOCHE

La noche saca nuestros problemas a la luz en lugar de desterrarlos.

Séneca

La noche se hizo para dormir. Incluso para soñar. Pero lo que sueñas siempre es muy relativo, porque no lo puedes elegir. Por mucho que te empeñes no puedes elegir tampoco el día. Y mucho menos la vida… tu vida. Pero lo peor de todo es la oscuridad. Es el lugar de todos los miedos, porque siempre surgen más incógnitas. Y las pesadillas también surgen y resurgen, una y otra vez… Y estás indefenso… y totalmente solo… sobre todo de noche.

La noche está muy cerrada. Solo se escuchan los aullidos de los lobos.

Antonio se retuerce en su cama. No soporta ese sonido. Tiene miedo. Ha soñado tantas veces con eso... Pero ahora parece de verdad. Intenta taparse los oídos con la almohada. Mira a Zeus, pero este descansa tranquilamente. Parece que no escucha como él aullar a los lobos.

Solo tiene que dejar pasar la noche, como siempre ha hecho. La luz del día no quita los miedos… pero al menos los ilumina.

6
EL DESPERTAR

Cada mañana nacemos de nuevo. Lo que hacemos hoy es lo que importa.

Buda

Los aullidos de los lobos se han transformado en otro tipo de sonido, mucho más reconfortante. Urracas, mirlos y jilgueros invaden el frondoso verde que, aunque se mantiene difuminado por la niebla, presenta un paisaje espectacular. En el ordenador de Antonio, solamente una frase:

"Solamente su sonrisa se podría comparar con un perfecto amanecer". Y en la mesa, una botella de whisky casi vacía.

Zeus lame la cara de Antonio para que despierte. Antonio se despereza lentamente. Zeus comienza a ladrar. Antonio se viste con un chándal, porque intuye que los ladridos de Zeus no son solo de buenos días. Su resaca es inmensa. Mira por la ventana. Berta está tras la verja junto con una mujer y una niña... la misma niña del árbol. ¿Casualidad o resaca?

Antonio baja la escalera y abre la puerta. Zeus sale corriendo al encuentro de las visitas con gran alegría. Antonio espera a que lleguen. La cabeza le da vueltas. Se atusa el pelo, intentando estar algo presentable. Berta se acerca. La mujer que la acompaña sufre una leve cojera. De una mano lleva a la niña y de la otra, un cesto lleno de hortalizas: pimientos, patatas, tomates...

Berta sonríe, como siempre.

—Buenos días. Podría decir cualquier otra cosa, pero supongo que te hemos despertado. Te he llamado al móvil, pero me da desconectado o fuera de servicio. Y me dije: "Espero que no haya habido ningún problema". Y después se me ha ocurrido que quizás necesitaras un buen desayuno.

Antonio no sabe ni qué decir. A lo mejor necesitaba un buen analgésico, pero no es el momento de mencionarlo. Berta lleva en la mano un pan de hogaza y un litro de leche fresca. Justa, su hermana de cara consumida, podría tener cincuenta años, pero aparenta alguno más. Ella, a diferencia de su hermana, no sonríe en absoluto, al igual que la niña tampoco lo hace.

Berta sigue haciendo su trabajo.

—¡Pan recién hecho!

Antonio sigue sin reaccionar del todo.

—Muchas gracias.

La hermana sigue mirándolo sin inmutarse. Pero Berta no deja de hablar:

—Espero que hayas dormido bien. La gente de la ciudad suele agradecer el descanso del campo.

Antonio sigue sin saber bien qué decir.

—¡Claro, claro...! Es, no sé... distinto... En la ciudad hay contaminación y ruido y aquí... aquí solo se oye... ¡el aullido de los lobos!

Berta intenta salir al paso:

—¡Ah, ya! Creo que olvidé decírtelo, como tenías tanta prisa... Hay lobos en el monte... pero nunca bajan al pueblo.

La hermana rompe su silencio y lo hace con un tono grave.

—Los lobos nos protegen.

En cierta manera Antonio se asusta

—¿Ah, sí? ¿De quién?

Berta corta la conversación algo nerviosa.

—Bueno... aún no os he presentado. Esta es Justa, mi hermana. Ya te hablé ayer de ella. La mejor cocinera que conozco. Y creo que te hará una buena tostada con esos tomates, que por lo que veo te puede hacer falta.

—Encantado, Justa. Sí. Ciertamente, tengo hambre.

Antonio observa a la niña, que le sigue mirando al igual que su madre con gesto impasible.

Berta se percata de ello.

—¡Ah! Y esta es Soledad, mi sobrina.

Antonio le hace un gesto cómplice a la niña.

—A ella ya la conozco. De hecho, fue a la primera persona que me encontré al llegar, ¿verdad?

Justa mira a Berta como no fiándose de Antonio.

Antonio intenta encontrar un ápice de sensibilidad en esa niña que se encontró bajo el árbol, pero es imposible. Soledad sigue sin mostrar ningún tipo de sentimiento.

—Sí. Tú eres el Vímero.

Se hace un silencio. Berta, aunque está nerviosa, intenta como siempre arreglar la situación:

—Mi sobrina tiene mucha imaginación. Supongo que ha leído muchos cuentos.

Antonio sonríe, aunque la situación, y más en su estado, no le hace mucha gracia. Pero sale al paso como puede:

—¡Claro! Si no... no sería una niña.

Berta nota la incomodidad de Antonio, y él percibe que ella tampoco se siente a gusto con la situación. Zeus llega de nuevo con una piña en el hocico y se la da a Berta, que vuelve a sonreír. Parece haber llegado en el momento oportuno.

—¡Vaya, Zeus! Has encontrado otra piña.

Soledad sonríe por primera vez y, por primera vez, al menos para Antonio, comienza a comportarse como una niña.

—¡Es un perro! ¡Un perro grande!

Berta siente que la situación puede arreglarse.

—¡Claro, Soledad! Es muy cariñoso y muy suave.

Por un momento, Soledad muestra algo de expresividad. Antonio sigue el juego a Berta:

—¿Quieres tocarlo, Soledad?

Soledad sonríe, pero mira a su madre, que muy seria hace un ademán negativo.

Antonio y Berta se miran. El nerviosismo de ella es ahora enorme. Su móvil suena. Lo mira y lo apaga. Antonio trata de zanjar la situación, sobre todo porque cree que la cabeza le está a punto de estallar.

—Está bien, Justa. Está claro que yo no puedo llevar esta casa solo, y por las referencias que me han dado, es usted la persona idónea para ayudarme. Además, estoy loco por probar esos tomates. Creo que nunca he visto unos así.

Berta mira a Antonio y respira hondo.

Justa solo hace una ligera mueca, no llega a sonreír. Coge el cesto y se dirige hacia el pasillo.

—¿Dónde está la cocina? —pronuncia secamente.

—Si no recuerdo mal, al fondo a la derecha. Anoche no me dio mucho tiempo de reconocer la casa.

Justa mira hacia el salón y ve la botella de whisky. Luego mira a Antonio, pero tampoco dice nada. Simplemente, sin ni siquiera girar la cabeza, da un grito firme, más que un grito, una orden:

—¡Soledad! ¡Ven aquí!

Soledad entra despacio. Mira a Berta, pero a Antonio no. Y desaparece tras su madre. El gesto de desolación de Berta no pasa inadvertido para Antonio, que trata esta vez de ser él quien arregle la situación. Aunque Berta sea la experta, considera que en este momento le corresponde a él.

—Bueno, todo solucionado.

Berta vuelve a impregnar todo con su sonrisa, que ahora es algo más tensa.

—Oye, Antonio, lo siento. Con ella no siempre es fácil. Pero no te dejes llevar por lo que ves. Es muy buena persona, solo que…

Antonio la interrumpe:

—No te preocupes. Seguro que lo es… Soy de los que piensa que no se debe juzgar a nadie, porque nadie sabe lo que puede estar pasando dentro de la cabeza del otro. Y todo puede ser más fácil y explicable de lo que pensamos.

Berta ahora no sonríe.

—Bonita frase. Digna de un escritor.

Antonio sonríe levemente.

—Pero no de Neruda. Él habría dicho algo mucho más poético, supongo.

Berta agacha la cabeza.

—No lo sé. A lo mejor no. Nunca conocí a Neruda. Y ahora tengo que irme. Espero que todo vaya bien. Si no… ya sabes… tienes…

—Tu teléfono… Tengo tu teléfono.

—¡Claro! Pues adiós.

—Adiós, Berta. Y gracias por todo.

De nuevo esa sonrisa. Antonio cierra la puerta. Por un segundo se pregunta cómo será la vida de esa chica en un pueblo tan pequeño y tan desolado. Pero da por hecho que ella no estará sola. Alguien como ella nunca podría estarlo.

Al darse la vuelta, ve en el pasillo la imagen de Soledad que le mira fijamente. Lleva en la mano su comba. Le ha dado un susto de muerte. Su seriedad y, por qué no decirlo, ese labio, en medio del pasillo de esa casa… Pero se recompone y se acerca a ella despacio. Trata de sonreír.

—¿Te aburres? ¿Quieres jugar?

Soledad no contesta, le esquiva y sale corriendo hacia el jardín, como huyendo de él. Antonio la mira extrañado. Se asoma a la ventana y la puede ver balanceándose en el columpio, con la mirada perdida cantando otra canción típica:

El lagarto está llorando.
La lagarta está llorando.
El lagarto y la lagarta
con delantalitos blancos.

La cabeza de Antonio está a punto de reventar. Necesita tomar aire. Se acerca a la cocina. Justa está organizando la verdura y saca un pollo de la cesta que coloca sobre la encimera. Mira hacia arriba, donde hay unos cuchillos colocados por tamaño. Va a partir el pollo. Está de espaldas. Antonio intenta no asustarla.

—Perdone, Justa. Voy a dar un paseo. No hace falta que me prepare la tostada.

Justa no se ha asustado en absoluto. Asiente con la cabeza.

—¿Vendrá a comer?

—Sí, claro. Pollo, supongo.

—Sí.

—Estupendo, Justa. Hasta luego entonces.

Justa, callada, solamente asiente.

7
EL PUEBLO

La costumbre, ese monstruo que devora voluntades y sentimientos.

William Shakespeare

Antonio se dirige andando hacia el pueblo. Aunque el cielo está gris, no parece que vaya a llover. Y hoy necesita justamente eso: una temperatura perfecta y un aire fresco que le haga de alguna manera ubicarse en su nuevo destino y, sobre todo, que se le pase esa maldita resaca.

Bordea el río. Su sonido le envuelve. Respira hondo. Unos patos y unos zampullines cuellinegros chapotean a sus anchas en él. Antonio se recrea en su juego. No hay nadie, pero el paisaje merece la pena. Como inspirado no sabe bien por qué instinto (¿será el infantil?, aunque él lo desconoce), coge una piedra y la lanza al agua. Observa con satisfacción cómo cae al fondo. Pero, de pronto, en el mismo lugar donde ha caído la piedra, el agua comienza a moverse de forma extraña, haciendo un remolino. O como si hubiera algo debajo que tratara de salir. Antonio se asusta, retrocede y se dirige hacia el camino. No sabe si mirar hacia atrás, pero la curiosidad le puede y finalmente se gira. El río está como antes, no hay rastro de movimiento. Contempla las águilas que otean desde el cielo. Intenta relajarse y deambula por el camino. Un hombre cargado con una gran cesta de mimbre se introduce por un lateral del sendero. Antonio le sigue. El hombre se acerca a lo que parece un establo viejo y descuidado. Antonio guarda las distancias, pero no pierde de vista al hombre. Al fin y al cabo, tendrá que ir aprendiendo esas costumbres populares que le son tan nuevas y que, en cierta manera, forman parte de nuestro pasado.

El hombre deja el cesto en el suelo. Se agacha y abre una madera del cobertizo tirando de una cuerda. Es un gesto monótono, como si lo hiciera todos los días. Antonio piensa que sería más fácil alimentar a los animales, si es eso lo que va a hacer, abriendo directamente la puerta, la cual por lo que puede observar está totalmente cerrada con candados. El hombre saca del cesto una pequeña cazuela sobre la que reposa un pedazo de pan y la introduce a través del hueco de la madera en el cobertizo. Vuelve a cerrar y ata la cuerda. Se percata de la presencia de Antonio, al que mira por un instante sin inmutarse. Golpea la madera con una vara tres veces. Un grito ensordecedor, como si de un monstruo se tratara, suena dentro del establo. Antonio se aparta sobresaltado. Lo que sea que esté dentro del cobertizo araña la madera y vuelve a gritar enloquecidamente. El hombre coge su cesto como ajeno a lo que ocurre y prosigue su camino. Antonio le grita:

—¡Eh, oiga, oiga! ¿Qué ha sido eso? ¿Quién está ahí?

El hombre continúa su camino ignorando a Antonio.

—¡Oiga, oiga!

El hombre ni siquiera se da la vuelta, pero le contesta indolente:

—Una bestia… Eso es lo que es.

El hombre desaparece. Antonio se queda mirando el cobertizo. Ya no se oye ningún sonido. Se acerca despacio. Y de pronto… el sonido de las vacas le hace estremecerse. Es cada vez más intenso. Antonio piensa que ahí dentro puede estar alguna de ellas enferma. Aunque es extraño que den de comer a una vaca de esa manera. Mira por una de las estrechas rendijas. Aunque está oscuro, puede ver como alguien o algo está agachado comiendo de la cazuela con la boca. Pero no es un animal, aunque tampoco parece del todo humano. No sabe qué es lo que hay dentro comiendo sin las manos. Antonio no da crédito. De pronto, el misterioso ser parece percatarse de que alguien está fuera y olisquea como los perros. Levanta la vista y mira fijamente hacia la rendija. Es humano, ciertamente, pero se trata de un ser horripilante, deformado... Es casi un monstruo. De su boca caen restos de comida. Se acerca despacio hacia la puerta, y clava sus ojos en el pequeño agujero por el que está mirando Antonio. Esos ojos... incluso tras la madera aterrorizan. Suelta un espantoso alarido. Casi un aullido. Como si de un lobo se tratara. Pero no es un lobo... Antonio se aparta y sale corriendo. Escucha como la madera está siendo golpeada desde dentro. Las vacas, nerviosas, no dejan de mugir.

Antonio no para de correr. Ni siquiera mira hacia atrás.

Lo que está claro es que la resaca ha desaparecido por completo. Cuando ya puede respirar, camina más despacio y se acerca a una iglesia. Es una iglesia pequeña, de indudables rasgos románicos, en la que destaca el conjunto de capiteles y canecillos. Por un momento, y aunque no sea precisamente religioso, siente algo de serenidad. Cierra los ojos e incluso puede escuchar la sensual voz de Berta: "Algún día en cualquier parte...".

Una voz le vuelve de nuevo a la realidad:

—¿Busca usted el camino?

Antonio se gira. Un cura vestido con una sotana antigua y aspecto bonachón está detrás de él. La frase le ha extrañado.

—¿El camino?

El cura sonríe.

—Ya veo que no. Muchas personas van en busca del camino, del Camino del Rocío... incluso del Camino de Santiago.

Imagínese... y por cosas del destino acaban perdiéndose aquí. Pero veo que usted no es uno de ellos.

—Pues... no.

El cura vuelve a sonreír mostrándose muy campechano.

—¡Uf, qué alivio!

Antonio ríe. No le parece un cura típico.

—Mi nombre es Antonio Prieto. He alquilado la casa grande. Aunque si le soy sincero... yo no busco ningún camino, quizá más bien eso es lo que perdí.

El cura le mira asombrado.

—Los caminos de la vida no se pierden, hijo, simplemente se reencuentran. Ni siquiera hace falta buscarlos. Ellos se encargan de encontrarnos a nosotros.

El sacerdote le da la mano.

—Bienvenido entonces. Yo soy Benito. Así que la casa grande... Hacía mucho tiempo que estaba vacía.

—Según la agencia treinta años.

—Sí. Justo cuando llegué yo a este pueblo. Y ya estaba cerrada. Está aquí de vacaciones, supongo.

—Bueno, vacaciones... descanso... liberación... respiro... inspiración... Si consigo un poco de eso, quizás pueda volver a escribir y regresar al mundanal ruido.

—¡Ah, es usted escritor! Pues aquí no le faltará inspiración. Supongo que ya conocía esto.

—Pues la verdad es que no. Nunca había estado en el sur. Pero en la agencia me dijeron que era el mejor destino de España para perderse, y luego, Berta, la chica que trabaja aquí para la misma inmobiliaria, acabó de convencerme.

El sacerdote sonríe de nuevo.

—¡Berta! ¡Ya entiendo! Muy guapa...

Antonio le mira un poco extrañado por su comentario. No es muy propio de un cura, pero ya empieza a comprobar que Benito no es un cura común.

—¿Se extraña? Mire, hijo, soy sacerdote, o cura, o como quiera llamarme. Pero lo que le aseguro es que no soy ciego.

—No. Desde luego —le responde con sarcasmo.

Benito le da una palmada en el hombro.

—Supongo que se dirige al pueblo.

Antonio asiente.

—Pues entonces no deje de entrar en la taberna. *El* Carmelo, el dueño, es muy buena gente. Y le aseguro que nunca probará vinos como los de aquí. Ya sabe lo que dicen… con un buen vino se hace el camino… y no me refiero exactamente al del Rocío. Usted ya me entiende...

Antonio vuelve a reír.

—Sí, creo que sí.

—Le acompañaría de buena gana, se lo aseguro.

Benito se acerca a él y le susurra:

—Pero tengo ahí dentro tres o cuatro beatas de unos ochenta años que necesitan confesión —explica irónico—. Ya ve usted, qué pecado pueden haber cometido… En fin, en otra ocasión.

—¡Claro! Cuando usted quiera. Encantado, Benito.

Antonio se aleja ante la mirada fija del cura. Y piensa: "¡Joder, con el clero hemos *topao!*". La figura de ese cura o sacerdote, o lo que sea, le ha hecho gracia.

Llega hasta la plaza en busca de la taberna. No hay mucha pérdida. Un cartel, algo destartalado, indica:

LA TABERNA DE CARMELO

Antonio entra. Es una taberna típica de pueblo. A la derecha una barra de madera vieja. A la izquierda, tres mesas. En una de ellas hay cuatro viejos jugando al mus. Casi sin hablarse.

Se dirige a la barra. Tras ella no hay nadie, solo un viejo perro durmiendo en el suelo. Uno de los hombres se percata de la llegada de Antonio y le mira fijamente. Aunque con un solo ojo. Es tuerto. Como por instinto, los demás también le miran. La imagen resulta un poco dantesca. Incluso piensa que se parece más al cuadro de *Los borrachos* de Velázquez.

Antonio hace el amago de irse, pero una voz de nuevo le hace pararse. Uno de los hombres grita:

—¡Carmelo! ¡Que hay forasteros!

Antonio puede contemplar a ese hombre que también le observa. No tiene nariz. Respira por una especie de sonda. Mira hacia atrás. De la cocina sale un hombre de aspecto desaliñado. Es el tabernero. Antonio está casi en la puerta, no sabe bien lo que debe hacer. Por un momento, piensa que es mejor salir de esa taberna. Pero la voz del tabernero le hace pararse otra vez. Al fin y al cabo, él ha estado en todo tipo de antros nocturnos, claro que eran otras horas y otras circunstancias. Pero ¿quién dice que fueran mejores?

—¿Qué se le ofrece? —le pregunta el tabernero sin mucho afán.

Antonio vuelve a mirar hacia la mesa. Los hombres siguen a lo suyo. Se acerca a la barra. Mira las baldas que están sobre el tabernero. La Virgen del Rocío reposa en medio de botellas de vino sin marca alguna tapadas con tapones de corcho.

—Pues yo quisiera…

El tabernero coloca un vaso pequeño y ancho sobre la barra y le echa un vino tinto de una de esas botellas.

—Un chato —dice el tabernero—, eso es lo que quiere.

Antonio no sabe qué contestar. Está claro que allí no hay lugar para las dudas. Y por otro lado supone que cosas peores habrá bebido. Mira el vaso y al tabernero… Finalmente, se toma el vino de un trago. Espera la reacción del tabernero, pero no la nota. Simplemente le echa otro chato y le espeta:

—El buen vino… hace el camino. Pero comer sin vino… es de mezquinos.

El tabernero mira hacia la cocina. Al volverse puede contemplar que le falta una oreja. El tabernero grita:

—¡Remedios, saca un cazo de guiso!

Una mujer sale de la cocina. Es rechoncha, de aspecto bonachón, pero tampoco sonríe. Saca un pequeño cuenco, una especie de potaje que tiene un aspecto estupendo, pero que en ese momento a Antonio no le apetece.

—No, gracias. No tengo mucha hambre.

El tabernero le mira seriamente y vuelve con otro de sus refranes propios de pueblo:

—¡Pues claro que tiene! El comer y el *arrascar*, no tiene más que empezar. Además… esto entra solo.

El tabernero le da la cuchara a Antonio. Prácticamente no le queda más remedio que probarlo. Y le vuelve a llenar el vaso de vino. Antonio come dos cucharadas. Realmente está bueno, consistente, pero bueno.

La mujer está al fondo, mirando a Antonio. Antonio toma dos cucharadas más y se dirige a ella:

—¡Buenísimo, señora!

La mujer hace un gesto raro, sin mucho ímpetu y regresa a la cocina. Antonio se queda algo extrañado, aunque realmente en ese pueblo empieza a notar que prácticamente todo es extraño, o quizás es ese vino que empieza a hacer efecto en sus sentidos... El tabernero intenta de alguna manera disculpar a su mujer:

—No tiene lengua. Se la cortaron de pequeña… Tenía un problema que podía acabar con ella. El médico prefirió acabar con la lengua.

Todos ríen.

Antonio hace un gesto de condolencia.

—¡Ah, lo siento!

El tabernero no sonríe, pero su gesto es de resignación.

—¡No, no lo sienta! Es mejor así. Las mujeres tienen poco que decir… y esta cocina como los ángeles… Eso es lo que importa en una mujer.

Antonio no sabe qué decir ante tal comentario.

—Bueno, yo…

El tabernero vuelve a servirle un vino. Antonio ya casi no sabe dónde está. Mira al tabernero. Se siente algo mareado.

—Usted es Carmelo, supongo.

—Supone bien.

—Vengo de parte del cura. Me ha recomendado su vino, y no le falta razón.

Carmelo sonríe.

—¡Ah, *el* Benito! Si supiera tanto de salmos como de vino... Dice el refrán: cuando el cura llamó a Gabino, no dijo "Gabino ven", dijo: "¡Venga ese vino!".

Carmelo ríe a carcajadas. Y deja entrever la dentadura casi podrida.

La forma de hablar de Carmelo a Antonio le hace gracia. No tanto sus dientes...

Antonio continúa pensando en lo que ha visto en el establo y decide compartirlo:

—También he visto a alguien en un cobertizo. Estaba… estaba atado… parecía, no sé… parecía sufrir… Era como…

Carmelo le mira fijamente, ya no sonríe. Su mirada penetrante incluso incomoda a Antonio.

—¿Como qué? ¿Como un animal?

Antonio asiente. Lo ojos de Carmelo apenas muestran un ápice de sentimiento. Y de pronto… Carmelo vuelve a reír escandalosamente.

—¡Es *el* Esteban! —exclama dirigiéndose a los jugadores—. ¡El forastero ha conocido *al* Esteban!

Los jugadores dejan su partida, y miran hacia la barra, sobre todo a Antonio. Todos ríen. Antonio se siente cohibido.

—¿*El* Esteban...? —dice por decir algo.

Carmelo se acerca mucho a él, como si fuera a susurrarle:

—Sí. Está *pirao,* pero es inofensivo.

Uno de los hombres que tiene un ojo de cristal añade:

—Sobre todo porque está *atao.*

Todos vuelven a reír. Antonio sonríe más por los efectos del vino que por la conversación.

Carmelo nota la incomodidad de Antonio.

—Su madre lo tiene así desde que era chico. Desde que le encontró comiéndose el corazón de una vaca. ¿Y quiere saber lo mejor? El chaval dijo que era su vaca preferida. Bueno, o eso es más o menos lo que entendimos... porque casi no sabe ni hablar.

Todos vuelven a reír, salvo Antonio.

—Pero... está enfermo. No debería vivir así. Debería estar en algún lugar en el que le traten y consigan ayudarle.

Se hace un silencio. Todos miran fijamente a Antonio. Carmelo rompe el hielo:

—*El* Esteban forma parte del pueblo y morirá con él, como los demás. Al fin y al cabo, todo somos hijos de la maldición.

Antonio vuelve a dar un trago a su vino. No da crédito a lo que está escuchando.

—¿Qué maldición?

Los hombres vuelven a su partida. Es como si se hubiera pronunciado la palabra mágica. El tabernero vuelve a llenar su vaso de vino e ignora su pregunta. Como si no se hubiera dicho nada. Y cambia el tono de la conversación:

—Viene usted a las fiestas, ¿verdad?

Antonio le mira extrañado.

—No sabía que había fiestas.

—¡Sí, son las fiestas de la Virgen! ¿Es que no ha visto las guirnaldas?

Carmelo le hace un ademán para que mire hacia la calle. Antonio sale a la puerta del bar. Mujeres y hombres que no había visto hasta entonces colocan guirnaldas alrededor de la plaza. Otras mujeres están poniendo puestos de avellanas y de castañas asadas, de olivas de todo tipo y frutos secos. Antonio no parece haberse dado cuenta de ese trasiego cuando llegó al bar. Se gira para hablar con Carmelo, pero tras la barra no hay nadie. Espera un rato, pero Carmelo no sale. Se toma el vino de un trago. Deja un billete sobre el mostrador y sale del bar. Se encuentra algo mareado.

Cruza algo perdido el camino que le lleva a casa. Ni siquiera sabe cómo puede abrir la verja. Y se topa con Justa y su hija, Soledad, a la que lleva de la mano. Antonio ni siquiera es capaz de articular palabra.

—Buenas tardes.

Justa hace una mueca seria.

—Tiene usted la cena en la nevera.

—Gracias, Justa.

Las dos salen por el jardín. Antonio las mira. La imagen de Justa con su leve cojera y la niña de la mano le vuelve a recordar a una película costumbrista. Piensa que hubiera sido mejor director de cine que escritor. Soledad gira la cabeza hacia atrás. Su labio, incluso en la niebla, le produce no sabe bien qué sensación. Justa aprieta la mano de Soledad, que deja de mirar a Antonio, y aligeran el paso. Ambas desaparecen entre la niebla.

8
LA NIEBLA

> *Somos siluetas recortadas, somos hueros fantasmas que se mueven en la niebla, sin perspectiva.*
>
> Virginia Woolf

Zeus ni siquiera sale a saludar a su amo. Es algo raro en él. Antonio le busca, pero está tumbado en el salón, mirando hacia la chimenea. Y ni siquiera está encendida. Antonio le toca el lomo y Zeus le chupa la mano en agradecimiento.

—¡Vamos, Zeus! Vayamos a la cocina, a ver qué nos preparó Justa. Espero que sea algo más agradable que ella. ¿Tienes hambre?

Zeus mueve la cola con alegría.

En la nevera reposa una cazuela con un pollo de aspecto estupendo. Antonio mira a su perro.

—¿Lo ves, Zeus? La mujer es un poco tosca, pero esto tiene muy buena pinta.

Se sirve un plato de pollo y en un cuenco le desmenuza otra ración a su amigo, que lo devora en un momento relamiéndose.

Mientras Antonio come, piensa: "¿Qué demonios hago aquí? Esto parece un lugar de locos. Pero claro… puede que sea el mejor sitio para otro loco como yo... ¿Quién tiene la razón en la definición de loco o cuerdo? ¿Cuántas terapias hacen falta para definirlo? Ese pobre muchacho, Esteban… atado y recluido toda la vida... como una fiera. ¿Acaso se merece eso? ¿Y quién decide el destino, el sufrimiento, o sobre todo la vida de nadie? ¡Nadie! ¡Esa es la respuesta!".

Antonio clava el tenedor con furia sobre un muslo de pollo. Zeus le mira asustado.

—No pasa nada, Zeus. Creo que necesito un baño. A ver si consigo equilibrar tanto alcohol.

Antonio sube las escaleras, lentamente. Y se mete en el baño, un baño a la medida de cualquier persona que seguramente en su día fue sibarita. Abre el agua caliente y espera a que esté del todo caldeada. Ni siquiera sabe dónde está el calefactor en esa casa, pero Berta dijo que estaba todo al día, así que solo tiene que esperar. El agua fluye por el grifo que en algún momento fue seguramente dorado, pero que ahora está más bien oxidado. Aunque sigue teniendo cierto encanto.

Se desnuda despacio ante la mirada atenta de Zeus. Comprueba la temperatura del agua. Está perfecta. Se introduce en la bañera despacio.

—¡Zeus!, ¿quieres bañarte?

Zeus ladra y desaparece del baño en un momento. Antonio se ríe.

—¡Tú te lo pierdes! Ciertamente, Zeus, el agua es vida, y la vida sin agua y sin sol... puede llegar a pudrirse.

Antonio cierra los ojos e intenta relajarse. La música de María Callas suena en su cabeza. Es verdaderamente un momento de auténtico placer. Incluso podría dormirse allí mismo. Y de pronto... escucha el sonido del reloj, como si lo tuviera muy cerca. Y unas risas de niña le hacen volver en sí. Un cosquilleo le impregna todo el cuerpo. Abre los ojos. La bañera está llena de pequeñas serpientes que nadan sobre él. Antonio grita y las sacude como puede. Vuelve a oír las risas. Sale de la bañera muy asustado. Se frota todo el cuerpo. Al salir, pisa un caracol que reposaba sobre el suelo; parece haberle destrozado, aunque aun así sigue sacando sus cuernos. Antonio mira hacia la bañera, no hay ningún tipo de reptil. Tan solo agua... solo agua. Pero las risas continúan. Y la voz también...

—*Caracol, col, col*

Saca tus cuernos al sol...

Antonio se coloca una toalla y sale del baño. Desde las escaleras grita:

—¡Soledad, Soledad! ¿Eres tú?

De nuevo, las risas.

Baja despacio la escalera. El tictac del reloj le descompone.

Entra en la biblioteca. No hay nadie. Mira el reloj. Sigue parado en la misma hora de siempre: las 10:10, pero sin embargo suena como si funcionara. Uno de los sillones está cambiado de sitio, de espaldas, frente a la chimenea. Por un momento piensa que es Soledad la que está sentada sobre él. Se acerca despacio. Pero se pregunta por qué iba a estar la niña ahí a esas horas. En ese momento se siente muy inseguro. Probablemente, siempre se ha sentido así, pero en este instante, no sabiendo bien por qué, tiene miedo. El miedo es libre y es la emoción más difícil de controlar. De alguna manera, preferiría que sobre la butaca estuviera Zeus. Solamente pensar en el rostro de la niña, ya le provoca un profundo pánico. En un arranque de valor gira el sillón... No hay nadie. Por un momento respira. El reloj ha dejado de sonar, aunque siguen siendo las 10:10. Mira hacia la chimenea... se acerca y huele. Hay restos de carbón y parece haber estado encendida. Se acerca. Incluso puede sentir el calor.

—Pero... ¡¿qué cojones es esto?!

Mira hacia todos los lados.

—¡Zeus, ¿dónde estás?!

El perro mueve las orejas y le mira. Está justo al lado de la chimenea. Antonio ni siquiera lo había visto. Vuelve a hablar con él:

—¿Has hecho tú esto?

Antonio recapacita:

—Pero ¿qué demonios estoy diciendo? ¡Joder! Lo siento, Zeus. Creo que he bebido demasiado y estoy algo cansado. No debería haberme dejado las pastillas.

Antonio respira.

—¡Vale, no pasa nada! ¡No necesito esas malditas pastillas! ¡Solo necesito descansar, solo eso! ¡Vamos, Zeus! ¡Vamos a dormir!

Zeus se despereza y acompaña a Antonio hacia la habitación. No sin antes mirar el reloj, que sigue marcando la misma hora: las 10:10. Antonio, ya más relajado, le dice:

—Recuérdame, Zeus, que sea donde sea, encuentre una pila para poner ese maldito reloj en marcha. Mañana será otro día.

Zeus le sigue hasta la habitación.

9
LA FIESTA

Una vida sin fiestas es como un largo camino sin posadas.

Demócrito

La plaza del pueblo está vestida de fiesta. Guirnaldas de colores envuelven el entorno. Hay puestos de castañas, de avellanas, de quesos... y chorizos y morcillas colgados en ganchos. Olivas de todas las clases y tapas de jamón... Otros puestos ofrecen hierbas aromáticas y curativas para todo tipo de problemas de salud.

Antonio deambula por la plaza. Nada tiene que ver con el ambiente que vio cuando llegó. Todo parece ahora risa y diversión. Y hay gente... mucha gente. Le parece increíble. Un pueblo apenas sin vida y de pronto... Al fin y al cabo, la vida debería ser siempre una fiesta, así podríamos reír, beber y bailar siempre las canciones. Las canciones de la vida. Eso nos haría en cierta manera, y aunque por poco tiempo, ser más felices.

Un hombre le coge del brazo. Es un hombre que aunque lleva un traje que pretende ser elegante, está viejo, sucio y destrozado. Evidentemente, no está muy cuerdo, pero a Antonio le llama la atención su forma de hablar tan educada.

—¡Buenas noches, señor!

El hombre le hace una señal rápida, como si fuera una cruz. A Antonio no le da casi tiempo a reaccionar. El hombre tiene la mirada perdida.

—La vista curada y lo que tenga dentro, también.

Antonio saca unas monedas del bolsillo para dárselas al hombre, pero este parece sentirse muy ofendido. Y las rechaza:

—A *tos* nos hizo Dios de barro, pero unos valemos *pa* orinal y otros, *pa* jarro.

El hombre se aleja y continúa diciéndole lo mismo de la vista a quienes se cruza.

Antonio continúa recorriendo los puestos. Tiene la sensación de estar en otro mundo, en otro siglo quizás.

Se acerca a un puesto en el que solo hay velas y una gran variedad de inciensos. Antonio se deja llevar por los perfumes. Coge una vela al azar. La mujer del puesto no le deja casi ni hablar:

—Ha *escogío* bien. Es la vela de Santa Bárbara.

Antonio mira a la mujer sin saber qué contestar, y esta no le deja tiempo para hablar:

—Defiende contra los genios de las montañas y las brujas.

Antonio deja la vela donde estaba, pero la mujer sigue con su retahíla. Incluso recita:

Santa Bárbara,
tente nube, tente nu
que Dios puede más que tú.
Si eres agua, ven acá.
Si eres piedra, vete allá,
siete leguas de mi pueblo
y otras tantas más allá.

Antonio no sabe qué decir. Y mira la vela. Alguien le susurra al oído. Es Berta:

—No me imaginaba que fueras tan supersticioso.

Antonio se estremece, pero la presencia de Berta siempre es agradable.

—¡Hola! No lo soy... Es que...

Berta le interrumpe:

—Lo sé. Supongo que es difícil sucumbir a algo tan primitivo. Para alguien como tú tiene que resultar curioso todo esto.

Berta vuelve a mostrarle esa sonrisa que no se le va de la cabeza. Antonio paga la vela y continúa su paseo por los puestos ahora acompañado.

—Curioso, sí, Berta. Primitivo, no tanto. Como dijo Einstein: "No tengo talentos especiales, pero sí soy profundamente curioso".

—¡Vaya! Olvidé que hablaba con un intelectual.

—Lo que quiero decir es que todo esto me encanta. No sabría bien cómo describirlo, pero me gusta. Aunque también creo que necesito un poco de tiempo para acostumbrarme. Nada más.

Berta ya no sonríe.

—¿Nada más...? Nadie podría acostumbrarse a esto ni en un millón de años.

Una anciana rompe la conversación. Les ofrece una rama de olivo de la suerte. Ambos la rechazan y siguen caminando. La verbena comienza. Un grupo de hombres y mujeres tocan música típica del lugar con guitarras. Suena la canción del vito. Todo el pueblo comienza a bailar, es como si la euforia se desatara por un instante, y los problemas, si existieran, estuvieran en ese momento muy lejos de allí. Carmelo coge a su mujer por la cintura y bailan. Hasta el hombre loco da vueltas sobre sí mismo. En ese momento, aunque a Antonio la imagen le resulta dantesca, no se nota en absoluto ningún tipo de tara en ninguno de los habitantes del pueblo. Es como si hubieran desaparecido. O al menos, como si diera igual. En realidad, al contemplar tanta alegría al son de las castañuelas, Antonio piensa que la música es algo que todos comprendemos, que nos une y que, en definitiva, es sinónimo de libertad. Y cuando uno se siente libre, eso hace que desaparezcan los miedos.

Berta mira a Antonio y percibe su entusiasmo.

—¿Cómo lo definirías? ¿Bonito o patético? ¿O acaso una mezcla de todo?

Antonio no comprende su comentario.

—La definición, Berta, es clara: se llama alegría. Quizás dure lo que va a durar la fiesta, pero en este momento es algo que a nadie se le puede robar. Y mañana... será otro día. Pero hoy es hoy.

Berta asiente, pero no está del todo de acuerdo. Demasiados años con esas fiestas y demasiados años en ese pueblo. Para ella esa alegría, o más bien la euforia de un día, no puede compensar el resto de la vida. Ni de la gente, ni sobre todo de ella misma. Aunque no sabe bien cómo explicárselo a Antonio. Y en definitiva, ¿por qué iba a explicárselo? Si acaba de conocerle.

Antonio la mira fijamente.

—Dime... No te gusta esto, ¿verdad?

Berta no contesta.

—¿Y por qué no te vas?

Berta mira hacia un lateral. Su hermana, Justa, coge de la mano a Soledad y se introducen en medio de la plaza bailando, ajenas a todo. Incluso parece que sonríen.

Antonio se da cuenta de su error.

—Ya entiendo...

Berta ni siquiera le mira.

—No creo que puedas entenderlo. Ni tú ni nadie. Si yo me fuera... si yo me fuera... ellas...

—Pero ¿y tú? ¿No piensas en ti?

Berta mira fijamente a su hermana y a su sobrina.

—Yo formo parte de ellas.

La atmósfera es cada vez más festiva. Carmelo se acerca a Antonio y le ofrece una bota de vino. Antonio la rechaza, pero Carmelo insiste:

—¡Vamos, hombre! ¡Que es la fiesta de la Virgen!

Antonio toma un trago. Nunca había bebido de una bota. La mitad del vino se lo echa encima. Todos ríen. Carmelo se indigna y se dirige a sus vecinos. Evidentemente, está ebrio:

—¡*Cuidao,* no os riáis del forastero! Y ahora… ¡todos a bailar!, para que no se lleve mala impresión del pueblo.

Varios hombres le hacen corro y comienzan a bailar la típica danza del vito alrededor de él. Antonio sonríe forzosamente a la vez que aplaude torpemente. El desenfreno es total. Berta le coge del brazo y le saca rápidamente de allí.

—¡Vamos! Tienes que probar nuestro licor de guindas.

Antonio está un poco desorientado.

—¡Gracias! Por un momento pensé que me iban a obligar a bailar. Nunca he sabido bailar. Pero el licor no lo descarto.

Berta le lleva hacia un puesto de licores. Pide dos chupitos. Berta se lo toma de un trago. Antonio se sorprende por un momento, pero imitándola, hace lo mismo. Los dos ríen.

—¿Y dices que no es fácil acostumbrarse a esto?

Berta vuelve a mostrar su espléndida sonrisa.

—No siempre es fiesta… Ojalá lo fuera…

El hombre les servir otros dos chupitos. Berta brinda con Antonio y se lo vuelven a tomar de un trago.

Antonio se sorprende ante el aguante de Berta.

—¡Por las fiestas!

Benito, el cura, se acerca más o menos guardando el equilibrio.

—¡Hombre! ¡La parejita!

Berta se ruboriza por un momento.

—Benito, por favor…

—¡Vale, nada más lejos de molestaros! Ya me voy…

Antonio le frena:

—¡Vamos, Benito, tómese un chupito con nosotros!

Benito no se lo piensa dos veces.

—Está bien… pero que conste que os doy mi absolución y os dejo confesados. Para eso estoy, ¿no?

Ríe escandalosamente. Los tres lo hacen.

El hombre del puesto sirve tres chupitos y Antonio alza su vaso:

—¡Por este pueblo tan especial!

Berta ahora tiene risa irónica. Está algo mareada.

—¿Y ya está…? Vamos, saca tu vena de escritor y haz un brindis en condiciones.

Benito asiente.

—¡Eso, eso… O si no os doy yo el sermón que tengo preparado para mañana!

Berta le frena sarcástica:

—¡Por favor, no, Benito!

Antonio ríe.

—Estoy con ella, Benito. Yo hago el brindis. Venga, allá voy… Brindo por la vida… conjunto de pequeños dramas que juntos constituyen una comedia. Evidentemente no es mío, pero sirve, ¿no?

Berta sonríe.

—Bueno, supongo que puede valer más que el sermón de mañana.

Los tres alzan sus vasos entre risas y se toman el chupito de un trago. Berta mira a Antonio de una forma especial, un tanto cómplice. Benito se percata de ello y se da cuenta de que en ese momento alguien sobra... Se dirige a Antonio con gesto serio y le habla al oído:

—*Ego te absolvo in nomine Patris et Filii et Spiritus Sancti…* Y lo que hagas a partir de ahora es cosa tuya… Aunque si te soy sincero, me parece muy bien… Ojalá yo pudiera.

Antonio no puede hacer más que reír ante tal comentario y tal cura tan atípico. Y no es solo por su estado de embriaguez, es porque le parece un personaje de lo más curioso. No sabría decir si encaja con el pueblo, pero tampoco sabría decir quién verdaderamente podría encajar en ese lugar.

Benito se dirige ahora a Berta:

—Muchacha, doy fe, y de eso sé un rato... o al menos vivo de ello, de dar fe, que hoy estás realmente preciosa.

Berta se ruboriza.

—¡Benito, para!

El cura mira a Antonio.

—No, no... es verdad. Supongo que no seré el único que lo haya notado. Y además hoy hace una noche realmente bonita. Espero que no la desperdiciéis. Y ahora, como diría aquel... tres son multitud. Así que siento privaros de mi compañía. Solamente un consejo, como sacerdote, claro —puntualiza soltando una carcajada—, no os toméis la vida demasiado en serio... de todas formas, nadie saldrá vivo de esta.

Benito rompe a reír exageradamente. Pero Berta y Antonio se quedan un poco perplejos ante el comentario.

—¡Es broma, hombre! ¡A disfrutar!

Benito se aleja tambaleándose.

En el centro de la plaza la gente sigue bailando llevada por el furor y la embriaguez. Antonio y Berta se miran. Y en medio de ese decorado esperpéntico, quizás confundido por los efectos del alcohol, o tal vez por estar en un sitio que no le pertenece tan lejos de su apartamento, sumido en una crisis de identidad personal y profesional, que le ha llevado a casi no saber quién es... Antonio cree ver en Berta a una diosa. Hay personas que, por lo que sea, proyectan calma, placidez, bienestar. Incluso irradian magia en su mirada, en su forma de moverse... en definitiva, en su misma alma. Berta es una de ellas. Una auténtica diosa.

10
LA RECLUSIÓN

Ante la desesperación,
los seres humanos se vuelven
animales.

Dan Brown

El bullicio de las guitarras y de las risas y gritos hacen que Esteban, en su cobertizo, no pueda dormir. Es algo para él inusual. Ni siquiera su madre ha ido a darle las buenas noches como hace siempre. Su madre está, por una vez al año, disfrutando también de la fiesta. Pero ¿cómo puede entender él eso? ¿Qué es una fiesta? Lleva veinte años recluido en ese agujero negro, oscuro y vacío. Desde los cinco años. Ya no recuerda prácticamente la luz.

Para todos, él es el fruto de la maldición. Y él ni siquiera sabe lo que es eso. Porque lo peor de la maldición es el temor a la misma. Y Esteban siente únicamente miedo. Es el llanto del que nada entiende. Pero precisamente por eso sufre más. Los demás nunca comprenderían que Esteban pudiera tener ese sentimiento, porque creen que carece de todos. Es simplemente un monstruo. Y lo mejor para los monstruos es tenerlos atados y encerrados.

Únicamente su madre sabe qué es lo que necesita, aunque no pueda hablar. Sabe cuándo está alegre y cuándo va tener una crisis de rabia. Y solo ella es capaz de bailar con él cuando ríe y calmarle cuando grita. Aunque sabe que nunca podría soltarle, porque el pueblo no se lo perdonaría. Pero ahora ella no está para tranquilizarle y acabar con ese infernal ruido, y Esteban se está volviendo loco. El sonido para él es ensordecedor. Se tapa los oídos como un animal al que le perjudica el ruido. Incluso gruñe desesperado. Se agita de un lado a otro del cobertizo. Hasta donde le permite la cadena que le ata al camastro. Golpea una y otra vez las paredes. Se tumba. Coge la almohada e intenta envolver su cabeza con ella para no escuchar nada… nada. Llora.

11
LA LEYENDA

La vida es como una leyenda: no importa que sea larga, sino que esté bien narrada.

Séneca

Antonio y Berta están sentados frente al río. Aún puede escucharse desde allí la música. Antonio parece mareado. Berta tira una piedra al agua. Antonio recuerda lo que le sucedió en el mismo río y se inquieta por un momento. Berta se da cuenta:

—¿Qué te pasa?

Le da una piedra a Antonio.

—¡Venga, ahora tú!

Antonio rechaza la piedra. Berta sonríe.

—¡Vamos, es solo un juego! ¡Un juego de niños!

A Antonio le vuelve una frase a su cabeza: "El niño que no juega no es un niño, pero el hombre que no juega perdió para siempre al niño que vivía en él y que le hará mucha falta".

Antonio vuelve en sí y coge la piedra. La lanza al río algo tenso. Y su mirada se pierde en él. Por un instante tiembla, pero no pasa nada. Berta le hace regresar:

—¿Qué has pedido?

Antonio sigue nervioso.

—¿A quién?

Berta sonríe incrédula.

—Pero... ¿tú de dónde vienes? Todo el mundo sabe que si tiras una piedra al río, es para pedir un deseo.

Antonio reacciona.

—Es que donde vivo no hay ríos, solo asfalto —dice con tono divertido—. ¡Joder! ¡Ahora caigo! Con razón nunca se me cumplen los deseos.

Antonio busca otra piedra y la vuelve a arrojar. Casi más lejos.

—¿Y ahora qué has pedido?

Antonio responde a Berta con ironía:

—Vamos a ver... pero ¿tú de dónde vienes? Todo el mundo sabe que si pides un deseo no puedes contárselo a nadie o no se cumplirá...

Berta vuelve a mostrarle su sonrisa de diosa. Antonio cree sentirse en una nube. Siente la necesidad de besarla, pero ella, repentinamente, rompe el encanto:

—¿Y tú de qué huyes?

Antonio se sorprende.

—No huyo. Ya te lo dije... Solo necesito...

—Sí, lo sé: soledad y retiro. Pero eso en mi idioma y en cualquier idioma se traduce como... escapada. Los hombres soléis salir huyendo.

—¿Por qué dices eso?

—Mi padre lo hizo. Supongo que fue porque le resultaba insoportable lo que tenía aquí. O quién sabe por qué. Yo era una niña.

Antonio calla.

— Nos abandonó. Eso es todo.

No la mira. En ese momento, no puede. Solo puede decir una frase:

—No es la carne y la sangre, sino el corazón lo que nos hace padres e hijos.

Berta intenta sonreír.

—¿Ahora habla el Antonio humano o el Antonio escritor?

Antonio no contesta. Él no puede hablar de padres, ya que nunca los conoció. Coge otra piedra y la lanza con más fuerza aún. En el orfanato solo le dijeron que habían fallecido en un accidente. No recuerda nada más. Ni siquiera mira a Berta.

—¿Y su padre, el de la niña... también se fue?

Berta se pone algo tensa.

—Más bien nunca existió. Mi hermana nunca desveló su nombre. En realidad, ella nunca habla de casi nada, ya lo has visto. Debió heredarlo de mi madre. Tras la marcha de mi padre, casi dejó de hablar.

El silencio vuelve a inundarlo todo entre ellos. Salvo las voces de varias mujeres ataviadas con grandes cestos, que colocan algo alrededor del río. Antonio mira con curiosidad. Al menos, eso ha hecho romper en cierta forma el halo de nostalgia.

—¿Qué hacen?

—Dejan pan de centeno.

—¿Para quién?

Berta mira hacia otro lado, intentando no darle importancia.

—Es una vieja superstición típica del pueblo. Una tontería.

Antonio siente curiosidad.

—¡Cuéntamela!

—No creo que te interese. Tú eres inteligente. Esto es solo cosa de pueblos y de viejos.

—¡Vamos, cuéntamela!

—Está bien. Cuenta la leyenda que, en la noche de la Virgen, el Vímero toma mayor poder y desata el terror en el pueblo. Ellos creen que si lo alimentan, impedirán que mate a nadie. Ya te he dicho que es una tontería.

—¡Vaya! Otra vez ese nombre. Pero ¿quién es en realidad? Supongo que será algún ser mitológico.

Berta está seria.

—Sí. Es una especie de serpiente enorme con alas parecidas a las de los murciélagos, y su cuerpo está protegido con duras escamas. Es como un dragón. Vive en las cuevas, cerca del agua y se alimenta de personas. Esa es la leyenda. Ya te he dicho que son cosas de pueblo. Y los pueblos siempre son muy supersticiosos.

—¡Ya, claro! Cada pueblo tiene su monstruo mitológico, supongo.

Berta intenta sonreír.

—Sí, supongo que sí. Ya te lo he dicho. Lo que pasa que a veces… puedes llegar a pensar que…

—¿A veces qué? ¿Qué puedes llegar a pensar?

Berta se levanta nerviosa.

—Nada, perdona. Es que el alcohol no me sienta demasiado bien… Me abre demasiadas heridas. Será mejor que me vaya. Mañana madrugo.

Antonio se levanta también y la coge del brazo.

—Espera… Trato de pensar qué diría en este momento Neruda.

Berta le mira extrañada. Antonio se acerca a ella.

—Supongo que diría algo como: "En un beso sabrás lo que he callado".

Antonio y Berta se besan. Un cohete festivo estalla. Berta se separa.

—Me has vuelto a confundir con tu intelecto.

—Lo último que pretendo es confundirte… Al menos no más de lo que yo estoy en estos momentos…

—Tengo que irme.

Antonio solo hace una mueca.

—Vale.

Berta se dirige al pueblo, sin volver la vista atrás. Antonio observa cómo se aleja. Coge una piedra y no sabe si tirarla o no. Mira a las mujeres que siguen dejando panes en el suelo.

Finalmente, la lanza. Su mirada se queda perdida en el agua y, por un momento y siguiendo la tradición, piensa: "Ojalá el río le diera la respuesta a muchas cosas. Pero desgraciadamente las respuestas no siempre son las que queremos escuchar. Al igual que a veces… no sabemos bien cómo plantear las preguntas".

Los cohetes siguen retumbando. La fiesta continúa. Una fiesta es solo un escape. Es la manera más fácil de intentar huir de algún modo de tus miserias, de ocultar tus inseguridades. En el momento en el que la música suena, todo parece diferente, todos bailan. Es el momento perfecto de ser… lo que desearías ser… o el momento en el que ni siquiera te planteas lo que eres ni lo que podrías ser. Es el momento de no cuestionarte absolutamente nada. Es el momento en el que únicamente puedes bailar. Y mañana será otro día… Si llegas a mañana.

12
LA ESCAPADA

Los que niegan la libertad a otros, no la merecen para ellos mismos.

Abraham Lincoln

La música y los cohetes no dejan de sonar. Esteban está cada vez más asustado. Sobre todo por los cohetes. Ese ruido espantoso hace que le estalle la cabeza. Se la golpea gritando. Da una patada a su cuenco de agua. Se tapa los oídos. Está totalmente enajenado. Se dirige hacia la puerta y le da patadas una y otra vez con fuerza. Su furia es tal que consigue romper la cadena que lleva atada al tobillo. Esa cadena que ha convivido con él tanto tiempo.

Y sigue golpeando los tablones con más insistencia. Finalmente, uno cede y se rompe, dejando una cavidad abierta suficiente para que Esteban salga, ayudado por la fuerza descomunal que su rabia le ha dado. Su cara es monstruosa, pero pese a su fealdad, es solo un ser atemorizado que nunca ha vivido en libertad. Y solamente puede hacer una cosa… correr. Ni siquiera sabe hacia dónde. Lo importante es alejarse de esos tortuosos sonidos.

13
AL SALIR EL SOL

La mañana nace de su madre...
la noche.

Esquilo

El sonido de los pájaros envuelve el entorno. Unos mirlos entonan su canto matinal. Seguramente, en modo de cortejo. Dos urracas se posan en la ventana de la casona golpeando la ventana. Zeus ladra. Antonio se despierta como puede. Ni siquiera sabe dónde está. La cabeza le va a estallar. Zeus no hace más que ladrar.

—Ya, ya... Zeus... Ya voy.

Se levanta y descubre que está acostado sobre el sofá. Se despereza. No consigue entender cómo acabó así. El dolor de cabeza es muy intenso. Intenta apretarse las sienes con las manos y siente algo pegajoso. Se mira las manos. Están manchadas de sangre. Zeus no para de ladrar. Pero no son solo sus manos... su camisa también está ensangrentada. Antonio se levanta nervioso y se toca el cuerpo por si tuviera alguna herida, aunque nada le duele... o más bien, le duele todo, pero sobre todo la cabeza.

—Pero... ¿qué es esto Zeus?

Zeus sigue ladrando.

Mira su reloj. Son las 11:30, pero el reloj de pared marca como siempre las 10:10. Coge una servilleta que reposa sobre la mesa e intenta quitarse las manchas. El timbre de la puerta suena. Zeus no deja de ladrar. Antonio está aturdido. Se quita la camisa y la esconde bajo los cojines del sofá. Abre la puerta con el pecho descubierto. Es Berta con aspecto devastado.

—¡Hola, Berta! Perdona que te abra así. Me quedé dormido y...

Nota su desconsuelo.

—¿Te ocurre algo?

Berta casi no puede ni hablar.

—Soledad... Es Soledad... La encontraron anoche en el camino del río... Estaba destrozada... ¡Dios! ¿Quién ha podido hacer algo así?

Berta se echa a llorar. Antonio la abraza, pero al hacerlo se mira las manos, surcadas por marcas de sangre. Suelta a Berta nervioso y las oculta como puede. No comprende nada, salvo la tristeza de Berta. ¿Y sus manos? ¿Por qué demonios están ensangrentadas? ¿Qué significa esto?

Zeus llega hasta Berta con la servilleta manchada y se la ofrece a modo de juego.

Antonio se cerciora y le grita:

—¡Vamos, Zeus, ahora no! ¡Entra en casa!

Zeus se asusta y se mete en la casa.

Antonio está muy nervioso, aunque intenta disimularlo.

—Pasa. Te daré un poco de agua.

—No, no puedo. Mi hermana me necesita. No la hubiera dejado sola, pero se empeñó en que te lo contara para disculparse por no venir hoy.

Antonio no da crédito.

—¡Pero por Dios!, ¿cómo puede pensar en eso ahora?

—Ella es así. Ahora tengo que irme.

—¡Es terrible, Berta! Si necesitáis algo, lo que sea, no dudes en decírmelo. Te lo digo en serio.

—Gracias, Antonio. Ya lo sé.

Berta se aleja. Antonio cierra la puerta y cree pensar que aún no ha despertado de su resaca. Se mira las manos. Siguen enrojecidas. Se acerca al sofá y saca la camisa, que sigue ahí. No está en un sueño, es obvio, pero tampoco entiende lo que está pasando. Coge la camisa y se dirige a la chimenea. Arroja unas leñas, las enciende y la tira al fuego. Ve cómo la tela se quema poco a poco. Y mientras observa el fuego, escucha risas... Las risas de Soledad mezcladas con el olor de los troncos quemados. Antonio se asusta y remueve con fuerza la camisa con el gancho de hierro para que se consuma cuanto antes. Quiere dejar de escuchar esas risas. Vuelve a mirarse las manos. Necesita beber agua.

Entra en la cocina. Busca un vaso y lo llena de agua del grifo. Bebe deprisa y mira hacia arriba. Sobre la encimera, colgados en barras de hierro, reposan utensilios de cobre estañado. Y a su lado, depositados en fila, perfectamente ordenados, están los cuchillos de cocina. De mayor a menor. Antonio se percata de que justamente, falta el cuchillo más grande. Comienza a sudar. Se frota las manos bajo el grifo con insistencia. Luego, abre el portátil. Una frase en el ordenador:

La noche puede trastocar los sueños, pero a veces...
lo peor viene después, cuando sale el sol.

Antonio intenta escribir. A su lado, la botella de whisky a la mitad y un vaso. Zeus descansa mirando hacia la chimenea. Algo que ya empieza ser habitual en él. Un murmullo monótono suena. Viene de afuera. Antonio mira su reloj. Son las 17:30. Y luego mira el dichoso reloj de pared. Sigue sonando, pero como siempre marca las 10:10. Por un instante tiene ganas de cogerlo y lanzarlo por la ventana, como hizo con el móvil. Pero no le pertenece. Pertenece a la casa. Y todo el mundo sabe que te puedes deshacer de lo tuyo, pero no de lo ajeno. Por eso mismo, porque no te pertenece. El murmullo es cada vez más cercano. Antonio se levanta y se acerca a la ventana. Un cortejo fúnebre recorre el camino. Se dirige hacia el cementerio. Preside el padre Benito ataviado con una sotana de luto. Detrás va el féretro, pequeño, como lo era la niña, llevado por vecinos del pueblo. Todos de negro riguroso. Y detrás va Justa, con mantilla, y Berta, también de negro. Les siguen mujeres y hombres que rezan el rosario:

Santa Madre de Dios,
ruega por nosotros,
Santa Virgen de la Vírgenes,
ruega por nosotros...

El panorama es siniestro, como lo empieza a ser todo. O más bien, como siempre en su vida ha sido todo. El cortejo desaparece ante sus ojos. Se siente cansado, tremendamente cansado, y muy confuso. Quizás no se puede pretender huir… sobre todo cuando nunca sabes de qué huyes y ni siquiera sabes dónde estás.

Antonio coge su copa y da un largo trago. Mira a Zeus, que sigue tumbado mirando la chimenea. Ni siquiera sube las orejas.

14
LA INCÓGNITA

La muerte es más dura asumirla que padecerla.

François-René de Chateaubriand

Antonio está en el cementerio. Mirando una lápida y su inscripción:

SOLEDAD RODRÍGUEZ CANTERO
2009 - 2017

Ciertamente no conoció a esa niña demasiado. Pero al fin y al cabo era solo una niña. ¿Quién puede ser capaz de robarle a alguien la infancia y la vida así, sin más? Es posible que a él se la hubieran robado, aunque tampoco sabe bien quién. Alguna vez pudo leer que cuando somos niños no pensamos en el futuro. Y quizás si tu infancia no ha existido... nunca serás un adulto. Nunca serás nadie. Una voz le devuelve a la realidad. Es el padre Benito:

—La muerte para los viejos es llegar a puerto, pero para alguien tan joven no es sino un naufragio.

Antonio se da la vuelta. El sacerdote le mira fijamente.

—¿Cómo es posible conocer la muerte si casi no has conocido la vida?

Benito se acerca. Ambos miran la lápida. El sacerdote le da una palmada en el hombro a Antonio.

—Vamos, te invito a un café.

Juntos entran en la casa sacerdotal. Es un lugar sobrio y no parece demasiado religioso, salvo por una cruz que reposa en la pared. Por lo demás, es una casa típica de pueblo, sin lujos. Benito le sirve un café a Antonio y se pone otro él. Saca unos dulces de una alacena y los coloca en un plato.

—¡Pruébelos! Son de aquí.

Antonio coge uno.

—Gracias.

Pero su mente está en otra parte.

—¿Se sabe algo del que mató a la niña?

Benito da un sorbo a su café.

—Era una noche de fiesta y desenfreno. Cualquiera podría haberlo hecho.

Antonio mira perplejo al sacerdote. Ve cómo moja su dulce en la taza. Él ni siquiera tiene hambre. Benito sigue hablando, como si de un sermón bíblico se tratara, casi sin inmutarse:

—Esperaba usted otra respuesta, supongo. Pues siento decepcionarle... Todos, en el fondo, somos seres irracionales... Seres sin alma... Destruimos y matamos y luego nos justificamos. Si no fuera así... cómo podríamos estar viviendo tantas guerras, tantas desgracias...

Ahora es Antonio el que casi a la fuerza moja el dulce en el café. Benito sigue con su discurso. Parece como si este sermón le gustara más aún que los que tiene que soltar todos los días.

—Mire, Antonio... Rousseau dijo que el hombre es naturalmente bueno, pero que es la sociedad quien lo corrompe. En su contra habló Maquiavelo, que pensaba que el hombre es malo por naturaleza, a menos que le precisen a ser bueno. ¿Quién tiene la razón?

Antonio se encoge de hombros.

—No lo sé, Benito. Ciertamente, no habla usted como un cura.

Benito ríe.

—¡Claro! Todo depende de lo que usted entienda por cura.

Antonio vuelve a dar un sorbo a su café. Benito le escudriña.

—¿Quién mató a la niña...? Eso ya es lo de menos. Podría haber sido yo... Incluso podría haber sido usted...

Se hace un silencio. Antonio se pone nervioso. Benito toma su último trago. Se le ve tranquilo. Las campanas suenan.

—Misa de doce. El deber me llama.

Antonio se levanta.

—¡Claro, claro!

Benito le da una palmada en el hombro.

—¿Cree usted que si yo soltara este sermón que le acabo de soltar a usted alguien de aquí lo comprendería?

—No lo creo.

Benito sonríe.

—Por eso hay que decirle a la gente lo que quiere escuchar. Ni más ni menos.

—No le interrumpo más, Benito. Gracias por el desayuno.

—No hay de qué, hijo.

Antonio se dirige hacia la puerta. Y escucha de nuevo la voz de Benito

—¿Le gusta a usted pescar?

Antonio se gira. Es una pregunta que no se esperaba.

—Pues... no lo sé. No lo he practicado nunca.

Benito le mira serio.

—Mañana a las siete y media, espéreme en el río.

—¿Las siete y media? ¿De la mañana?

—¡Pues claro! Es la hora perfecta para las truchas.

Antonio se ríe.

—Supongo que para las truchas, sí... para mí, no tanto... Pero bueno, hasta mañana entonces.

Antonio sale de la sacristía. Atraviesa la plaza. Una vieja a la que le falta un brazo se cruza en su camino. Lleva atada al cuello una cesta de manzanas.

—Tome, chiquillo, pruebe mis manzanas. Mi huerta no está infectada por ningún virus.

La mujer le muestra un amuleto que lleva atado al cuello. Antonio lo mira con curiosidad.

—Ella me protege… Es la Virgen del Rocío.

Antonio coge una manzana y no sabe si comérsela o no. Pero la vieja no deja de mirarle. Finalmente, le da un bocado. La vieja pone la mano para que Antonio le pague. Antonio mete las manos en el bolsillo y saca dos monedas que le da a la mujer. La vieja mira las monedas y se aleja murmurando:

—Si no fuera por esos caracoles… Malditos sean, me destrozan todas las cosechas.

Antonio se extraña por el comentario. Un hombre tuerto sentando en un banco suelta una gran carcajada y se dirige a él:

—Si puede comerse esa manzana, le doy un premio… Forastero, aquí todo el mundo sabe que las manzanas de *la* Emilia están llenas de gusanos.

Antonio mira la manzana que lleva en la mano. Efectivamente, varios gusanos comienzan a salir de ella. La tira al suelo y escupe lo que tiene en la boca. El tuerto no para de reír.

15
EL NUDO DE DESAZÓN

Nadie puede dañar
a un hombre tanto
como él mismo.

Benjamin Whichcote

Una frase en la pantalla del ordenador:

Hasta un miserable gusano puede derribarlo todo.

Zeus no deja de ladrar. Antonio se asoma a la ventana. Justa está barriendo el porche, vestida de negro riguroso. Antonio sale y ella sigue con su labor como si no le viera.

—Justa, no esperaba que se incorporara tan pronto. Créame, no es necesario. Es mejor en estos momentos que se tome su tiempo, el que sea...

Justa sigue sin mirarle. Continúa barriendo.

Antonio está muy nervioso.

—No he tenido oportunidad de decirle que... lo siento mucho.

Justa sigue inmutable con su tarea. De pronto, levanta la cabeza e impregna sus ojos negros en Antonio.

—Solo cumplo con mi trabajo. Y no debe sentirlo. Esto tenía que pasar tarde o temprano.

Antonio no sabe muy bien cómo reaccionar.

—¿A qué se refiere?

Justa no contesta y continúa barriendo. Antonio entra en la casa.

Quizás no haya sido demasiado amable con ella. O quizás no ha sabido transmitir todo lo que quería decir. Nunca supo ser sensible. Es algo bastante ajeno a él. Nunca nadie se lo enseñó. Aunque tampoco puede culpar a nadie de eso… Simplemente, porque nunca tuvo a nadie.

Antonio está frente al ordenador. No se encuentra demasiado inspirado, pero el simple hecho de sentarse frente a esa pantalla, le sirve en cierta forma de terapia. Aunque cuando los nervios pueden con él y ni siquiera es capaz de escribir dos líneas, siente como si todo su mundo se hundiera en el abismo más profundo, porque siente que no es absolutamente nada. Y lo peor que te puede pasar ya no es solo no tener a nadie… lo peor es pensar que tampoco tú correspondes a nadie. Y la palabra *nadie* forma para él todo un muro muy difícil de explicar.

Se levanta y deambula nervioso por la biblioteca. Se acerca hacia el lateral, hacia la alacena repleta de discos. Y después de mirar muchos una y otra vez, finalmente elige uno de ellos. Ni siquiera sabe si ese tocadiscos va a volver a funcionar, pero lo intenta. Coloca el disco con cuidado, suavemente. No comprende el éxito del CD… El simple hecho de colocar un vinilo es todo un placer. Espera que suene y, finalmente, la música suena… Un fragmento de *La Traviata*, '*Lunge da lei*'.

Antonio se sirve una copa y se sienta en su sillón. Zeus, por la costumbre aprendida, se sienta a sus pies. Antonio cierra los ojos, parece relajarse por un momento. Con la música intenta evadirse, como siempre ha hecho, de muchos problemas. Y es cuando comienza a soñar… y puede ver a Berta sonriendo. Su sonrisa impregna toda la estancia. Y es como si la música y la imagen de Berta salieran del salón por la ventana e invadieran todo el pueblo sin saberlo… La melodía envuelve a Justa, que sigue barriendo, pero que mira hacia arriba, e incluso sonríe, por primera vez desde hace mucho tiempo o más bien como no lo ha hecho nunca, y respira hondo, relajada. El pastor también se siente invadido por el halo de la música. También sus vacas parecen sentirlo. La música llega al púlpito. Benito la siente y respira mientras da su sermón habitual, aunque esta vez es como si se lo creyera de verdad… incluso las beatas miran hacia arriba como si fuera una especie de señal de Dios. Y Esteban sonríe en su cabaña. Y baila agarrado con su cadena a la cama al son de las notas… Esta vez el sonido de la música no le enoja, sino más bien lo contrario, le apacigua. Los hombres del bar también notan algo y se miran unos a otros con el gesto tranquilo. Incluso parece que sus defectos físicos no lo son tanto. Todo parece idílico. Y parece que los ojos cerrados de Antonio son los causantes de tanto bienestar. La música lo puede todo. A lo mejor es lo único positivo que sacó del orfanato. Y hasta parece que, por un momento, él es el culpable en cierta manera de esa alegría que inunda un pueblo tan extraño y tan lejos de la felicidad. Y respira hondo. Y entonces hasta llega a creer que lejos de ser nadie, se convierte en alguien… alguien que, aunque sea por un momento efímero, ha conseguido… ha conseguido algo, y sonríe… Hasta que el disco se vuelve a rayar. Y se acaba el sueño. Antonio abre los ojos. La música ha cesado. Soledad está frente a él, mirándole fijamente. Está pálida. Lleva la comba en su mano. Se da la vuelta y se aleja. Antonio ve su espalda. Lleva el vestido roto y está desgarrada y sangrienta. Antonio se levanta e intenta ir tras ella, pero ya no está. El sonido ensordecedor del disco es insoportable. Antonio lo quita. Puede ver desde la ventana la imagen de Justa cargando un saco de patatas, con la mirada de siempre…

16
EL AGUA

¿De qué desierto antiguo eres
memoria, que tienes sed y en
agua te consumes y alzas el
cuerpo muerto hacia el espacio
como si tu agua fuera la del cielo?

Alfonsina Storni

Se oyen solamente los cantos de los pájaros. Antonio camina despacio por el borde del río. No hay nadie. Ni siquiera está del todo despierto. Ha sido una noche muy agitada. El maldito sonido de los lobos puede con él. A lo mejor el cura le ha gastado una broma solo para hacerle levantarse a esa hora, en la que solo hay mirlos, jilgueros, y quién sabe más qué especies de pájaros, y por supuesto… truchas.

Se oye un silbido. Antonio mira hacia el lateral del río. Benito le hace un gesto para que se acerque. No viste de sotana. Lleva un atuendo perfecto de pescador, con botas incluidas. Desde luego, parece más despierto que él. Antonio se acerca despacio. Benito le sonríe.

—No creí que viniera.

Antonio también sonríe sarcásticamente.

—Ni yo. Le juro que es la primera vez que me levanto a estas horas… Aunque, pensándolo bien, ni siquiera sé si me he levantado del todo.

—¡Ah, cuando tenga mi edad comprenderá que dormir es casi un lujo! Pero también entenderá que el día es mucho mejor que la noche.

—En eso estoy de acuerdo.

Benito le da una caña como si fuera algo habitual para Antonio, que nunca ha tenido una en sus manos. La coge con gesto de interrogación. El cura le mira como a un adolescente y le señala una cesta que reposa sobre la hierba.

—Vamos a ver… Coja un cebo y colóquelo en su caña.

Antonio mira la cesta y después su caña, pero no es capaz de reaccionar.

—¡Ahí, hombre, en la caja!

Antonio por un momento despierta.

—¡Ya, la caja, claro!

Antonio abre la caja. Está repleta de moscas y gusanos. La vuelve a cerrar de golpe. Siente una especie de náusea. Benito ríe. Deja su caña clavada en el suelo. Se dirige hacia la cesta y saca un gusano que se contonea ante la mirada de Antonio, que sonríe sin ganas. Benito pone el gusano en el anzuelo. Antonio vuelve a sentir ganas de vomitar. El sacerdote le mira extrañado.

—¿Qué le pasa, muchacho? Esto es el arte de la pesca.

Antonio no sabe bien cómo reaccionar.

—Perdón, es que aún no he desayunado y…

Benito suelta una carcajada enorme.

—Esta gente de ciudad…

El sacerdote lanza su caña al río. Y se la da a Antonio.

—Tome. Agárrela con fuerza. Con mucha fuerza. Con toda la fuerza que pueda. Se lo digo por su bien. Recuerdo que una vez un capellán fue arrastrado por el peso de una trucha de 15 kilos y…

Benito se santigua muy serio.

—¡Ah… que Dios le tenga en su gloria!

Antonio no sabe si coger la caña o no.

Benito vuelve a soltar una carcajada.

—¡Es broma, hombre! Esto es solo por entretenimiento. Al menos para mí. En realidad, no he pescado nada comestible en mi vida... pero me ayuda a relajarme.

Antonio intenta relajarse también. Coge la caña y procura imitar la postura del cura. Los dos permanecen un momento callados mirando al río. Aunque su mirada está perdida, como si estuviera en otro lugar. Benito se da cuenta e intenta devolverlo a la realidad:

—Y... ¿cómo va su escritura?

Antonio no contesta.

Benito opta por despertarle del todo:

—¡Cuidado!

Antonio se asusta y suelta la caña de golpe, dejándola caer al río. Mira desconcertado al sacerdote, que vuelve a reírse de forma escandalosa.

—No pasa nada. Solo era una broma. Pero al menos ha vuelto, de donde quiera que haya estado en estos cinco minutos.

Antonio intenta sonreír.

—Lo siento... No he dormido bien... No sé lo que estaba usted diciendo...

—Tranquilo, muchacho. Le hablaba de su trabajo.

Benito se da cuenta del nerviosismo en Antonio e intenta calmarlo:

—Apasionante profesión la suya; y se lo digo porque en el fondo no me es del todo ajena, ya que en mi juventud fui amigo personal nada más y nada menos que de José María de Pereda. ¡Qué gran escritor!

Ahora el que sonríe es Antonio.

—¡Sí, muy grande! Lástima que muriera en 1906... ¿Cuántos años tiene usted, Benito?

Benito ríe a mandíbula batiente.

—Es usted bueno. Eso mi antiguo capellán se lo habría tragado.

—¡Claro! Por eso a él se lo tragó una enorme trucha, de 15 kilos nada menos.

Los dos ríen.

—Mire, hijo, realmente no sé lo que le ha traído hasta aquí. Pero si quiere que le diga la verdad, sea lo que sea, me alegro.

—Gracias. Ojalá yo supiera por qué estoy aquí.

Los dos contemplan sin decir nada el agua.

A Antonio le parece escuchar la voz de Benito:

—Algún día te encontrarás a ti mismo y esa puede ser la más feliz o la más amarga de tus horas....

Antonio se estremece y mira al sacerdote.

—¿Por qué ha dicho eso?

—¿Decir qué...? Muchacho, yo no he abierto la boca.

De pronto algo pica en la caña del sacerdote. Este comienza a tirar. Se muestra eufórico.

—¡Antonio! ¡Ha picado! ¡Ayúdeme!

Antonio no comprende bien cómo debe ayudarle. Pero coge al sacerdote por la cintura para que pueda sacar su pieza. Finalmente, y tras tirar un rato, sale una trucha que se menea aún viva.

Benito no da crédito.

—¡Muchacho, muchacho!, ¿no lo ve? Se nota que el agua le quiere.

Antonio sigue aturdido. Mientras Benito deposita su presa en el suelo enajenado por la emoción, Antonio mira el río. Suena un ruido estruendoso dentro del agua, que comienza a moverse de forma extraña, formando remolinos. Benito no parece percatarse de ello. Está demasiado emocionado con su pesca. Pero Antonio está muy asustado. En ese momento, la frase de Benito de que el agua le quiere parece casi una broma.

—¿Qué ha sido eso?

Benito sigue entusiasmado por su enorme logro.

—¿Esto? Esto es un pedazo de trucha.

Antonio vuelve a mirar el río.

—¡No! Me refiero a... ¿es que no lo ha oído? Ese ruido infernal y el río se movía como si... como...

Benito le mira muy serio.

—Ah, muchacho, debería haber desayunado. Pues claro, un río que no se mueve es un río muerto. Ande, vamos... debe comer algo. Pero antes, ayúdeme a meter a este bicho en la cesta. Un momento, no... debemos inmortalizar esto. Ande, saque su móvil y haga una foto a la pieza.

Antonio se siente incómodo.

—Lo siento, no llevo móvil.

Benito le mira extrañado.

—¿No lleva móvil? Un hombre de ciudad, ilustrado... ¿no lleva móvil?

—Pues no. Lo perdí.

— ¿Y si le ocurriera algo?

Antonio no sabe qué responder.

—Pues supongo que intentaría buscarle a usted. Pero usted tampoco lleva móvil.

—Ya, hijo, pero si a mí me ocurre algo, daría un poco igual. Un viejo menos. Y traerían a otro patético cura a este pueblo.

—No diga eso, hombre.

—Pues claro. La vida es así. Es posible que sobremos muchos. Aunque nadie puede decidir quiénes son los que sobran.

—No, claro. ¿Quién puede decidir eso? ¿Acaso Dios?

Benito vuelve a reír mientras carga la cesta con la trucha.

—¡Ah, Antonio, pienso que necesita usted comer algo! Esta noche le espero en mi casa y le aseguro que va a probar la mejor trucha del mundo. Y, por supuesto, regada con un buen vino. Y con esos manjares delante, hablaremos de lo humano y lo divino. O de lo que usted quiera. Soy buen confesor.

Antonio se incomoda y el cura lo nota.

—Es broma, hombre.

Antonio asiente.

—¡Claro!

Benito le sonríe.

—A las nueve entonces. Antes tengo misa.

Los dos hombres caminan despacio por la orilla del río. No hablan. Antonio vuelve a mirarlo otra vez. Ahora está en calma. Todo parece normal. Benito continúa eufórico:

—Cuando se lo cuente *al* Carmelo le va a dar una envidia... Él sí que no ha pescado nada en su vida.

—La envidia no es buena, Benito... Usted debería saberlo.

—Ya, hijo. Tenerla no es bueno, pero darla es estupendo. Sobre todo *al* Carmelo. Menuda cara va a poner. Lástima que no tuviera usted ese móvil. Pero haré una cosa, ahora me paso por allí para que la vea, que igual no se lo cree, que una vez comida, ya no se puede demostrar.

Antonio se ríe con la animada charla del párroco.

—Es usted todo un personaje, Benito.

—Sí, como los de sus novelas.

—Más bien como los de las novelas de Pereda.

Ambos ríen a la vez.

17
LA CENA

El vino lava nuestras inquietudes,
enjuaga el alma hasta el fondo y
asegura la curación de la tristeza.

Séneca

Sobre la mesa solo queda una espina de trucha en una fuente. Benito vuelve a llenar la copa de vino de Antonio. Está ebrio y alza su copa al tiempo que suelta una sonora carcajada.

—Brindo porque usted me ha dado suerte. Es la primera vez que consigo una pieza similar… Deberíamos haber hecho una foto. Pero ya da igual… Nos la hemos comido, ¿no? De eso se trataba. Y tenía que haber visto la cara *del* Carmelo y de todos los que estaban allí. Eso sí que hubiera merecido una foto.

Antonio también está algo mareado.

—Pues sí. Y la verdad es que estaba muy buena. Es usted un gran cocinero.

—Bueno, en realidad, lo ha hecho Clementa, la mujer que viene a limpiar. Yo solo sé de salmos… o más bien de salmonetes. ¡O quizás de ninguna de las dos cosas!

Benito rompe a reír y Antonio le sigue.

—¡Claro, y yo de truchas!

—¡Pues ya está! ¡Qué demonios! Y perdone la expresión, no es digna de un cura.

Antonio vuelve a reírse.

—Perdonado está. Sigo dudando si en realidad es usted cura.

Benito suelta una larga carcajada.

—Es curioso… Yo también me hago la misma pregunta todos los días. Aún no sé quién es usted, y sin embargo parece como si ya le conociera.

—¡Sí, claro! Como conocía a Pereda…

Ambos ríen.

—Ingenioso, es usted muy ingenioso.

—Y usted es un cura muy atípico.

—Sí, quizás. Demasiado para un pueblo.

—Yo he venido aquí huyendo, no sé muy bien de qué. Y usted… ¿Cómo acabó aquí?

—Le aseguro que huyendo no, más bien lo contrario… obligado.

La respuesta de Benito llena de dudas a Antonio.

—¿Obligado? ¿Obligado por qué?

Benito se pone serio. La borrachera le hace sentirse un poco nostálgico.

—Es una larga historia, hijo. Hice algo en mi ciudad que no fue considerado bueno y esto fue una especie de castigo, supongo. Mandarme a este pueblo tan lejos y tan extraño...

Antonio observa el rostro algo desencajado de Benito, con la mirada perdida seguramente en el pasado y en su ciudad. Intenta romper el hielo:

—¡Eh, vuelva de donde quiera que haya estado en estos cinco minutos! Ahora es usted el que se ha ausentado. ¿Qué hizo, Benito? ¿Robó el cepillo? —le pregunta con ironía.

Benito sonríe.

—No, hijo. Supongo que quise ir demasiado lejos pensando en la justicia y la justicia no siempre es bien recibida.

—Pues no. Pero no tiene que contármelo si no quiere.

Benito no le escucha. En ese momento se encuentra inmerso en otra época.

—Denuncié ante el obispo el caso de otro sacerdote que abusaba de los niños. De muchos niños.

—Dios Santo.

—Mi denuncia no fue bien recibida. Y consideraron que era un peligro para la congregación. Así que decidieron castigarme y aislarme lo más lejos posible, donde no volviera a estorbar.

—¿Y qué fue del sacerdote?

—Ahora es un alto cargo en el obispado.

—¡Vaya! ¡Es increíble!

—Así que aquí estoy, dando misas y confesando a viejas mojigatas.

—Es digno de una novela.

—Sí, hijo. Lástima que no sea ficción. Lástima que sea la pura realidad. Aquí no lo sabe nadie. Nunca he sentido la necesidad de contarlo. Pero usted es distinto, no es fácil en este lugar tener una conversación lógica.

—Ni en este ni en ninguno, se lo aseguro.

—¿Puedo ofrecerle un licor de hierbas?

—Me temo que no. Si no quiere que vuelva a casa a cuatro patas y asustado como si viera un…

—Como si viera un lobo, ¿no es así?

Antonio le mira fijamente. El sacerdote sonríe. Está totalmente embriagado.

—Le dan miedo, ¿verdad?

Antonio no sabe bien qué decir. En ese momento podría haberse abierto al sacerdote, como lo acababa de hacer él, pero no puede. Las palabras no salen de su boca. El miedo es muy difícil de explicar. Benito se da cuenta.

—Alguien dijo: "No se debe temer a los lobos. Solo el hombre es un lobo para el hombre".

—Gran verdad.

Los dos se miran y se hace un silencio que parece decirlo todo.

Antonio se despide y sale de la casa. Es una noche cerrada… Deambula haciendo eses.

Benito se queda con la mirada atrapada en un cuadro de su salón: una luna llena sobre fondo gris. En la mesa reposa la botella de licor de hierbas casi acabada. Quién sabe dónde tiene la mente en ese momento. El cuadro parece tomar vida y el río corre… como lo comienza a hacer el río por el que camina Antonio. El tiempo está empeorando.

Justa vuelve a su casa con una cesta llena de patatas. La maleza comienza a agitarse. El rostro de Justa, que siempre se mantiene inalterable, empieza a cambiar. Y siente un extraño escalofrío. Aligera el paso, pese a su cojera. Algo la acecha, mira hacia atrás. Intuye que no está sola. Cada vez camina más deprisa. Finalmente, tira el cesto de las patatas e intenta correr como puede. Pero ya es tarde. Vuelve a mirar atrás. Su cara solo refleja pánico, pánico absoluto.

Los aullidos de los lobos inundan todo el pueblo… Antonio se agita nervioso en su cama. No soporta esos aullidos. Al final se incorpora y enciende la luz. Está sudando, un sudor frío que recorre todo su cuerpo. Son las dos de la mañana. Zeus le mira, pero vuelve a dormir. Entra en la biblioteca. Y se dirige al aparador con la intención de tomarse una copa. Quizás eso le relaje. Se la toma muy despacio sentado en el sillón. Y escucha a su espalda un chirrido. Se da la vuelta. El armario se ha abierto solo. Antonio se acerca a él y lo abre del todo. En su interior, sobre una balda, hay una camisa ensangrentada. Antonio la coge. Dentro de la camisa, un cuchillo, un cuchillo de la cocina. Antonio cierra el armario de golpe. No quiere verlo. ¡Eso no está pasando, no puede ser! Sus manos están temblorosas, mientras se aleja del armario piensa que no debería haber dejado las pastillas... Pero ¿eso qué iba a solucionar? Sus pesadillas han sido las mismas, con o sin pastillas. Aunque ciertamente ahora… ahora tiene más miedo que nunca. Esto no puede ser sino un delirio más. Solo debe esperar a que amanezca. Con la mañana lo verá todo de otra manera. La luz, eso es… siempre la luz… Y se acaba su copa de un trago. Cierra los ojos… Sí, la luz siempre lo arregla todo. ¿O no? Pero eso ya da igual… El reloj sigue marcando las 10.10.

18
UN LUGAR

A veces buscamos lo que todavía
no estamos preparados para
encontrar.

Libba Bray

El timbre de la puerta suena. Antonio abre. Dos policías están tras ella. Al fondo Antonio comprueba que hay un coche patrulla con otro policía más. Uno de los hombres mira a Antonio con semblante serio. Antonio está extrañado.

—Buenos días.

—Hola, señor… Prieto, si no me equivoco.

—No se equivoca. ¿Ocurre algo?

—Soy el inspector Pérez. Y veo que no está al tanto de los acontecimientos.

—Si es por lo de la niña, Soledad, sí, estoy enterado.

—No, no es por la niña. La señora Justa Pérez García, madre de la niña, también ha muerto.

Antonio no da crédito.

—¿Qué?

—Señor Prieto, ¿le importa que pasemos y le hagamos unas preguntas?

—No, claro. Pasen, pasen.

Los policías entran y Antonio les conduce al salón.

—Siéntense, por favor.

—Gracias.

Antonio sigue asombrado.

—No doy crédito. Pero ¿qué ha pasado?

El inspector continúa mirándole muy serio.

—Ha sido asesinada, aunque no creo que quiera usted saber más detalles. Se lo aseguro, no son muy agradables.

—Es terrible. Primero la niña y ahora...

—Sí, un verdadero horror, y en un pueblo tan pequeño.

Antonio mira hacia el armario con cierta preocupación. Ni siquiera le ha dado tiempo a mirar si lo que vio anoche sigue ahí. ¿Un sueño? ¿Esto sigue siendo un sueño? ¡No, el sol ya ha salido! ¡Es de día! ¡¿Qué coño está pasando?!

El comisario mira toda la estancia mientras el otro policía se levanta y da vueltas por el salón. Antonio no está cómodo. La policía es real. No se trata de una pesadilla.

—Una casa muy... muy grande para usted. Porque me consta que está usted solo.

—Pues sí.

—¿No es usted de por aquí, verdad?

—No.

—¿Y cuáles son los motivos que hacen que haya escogido su residencia en este lugar?

—En realidad fue de forma casual, vi este sitio en una página de Internet, me pareció un sitio tranquilo y...

El inspector Pérez apunta algo en su libreta. Antonio no entiende bien por qué.

—Ya, tranquilo —dice sin dejar de apuntar.

Antonio comienza a ponerse nervioso.

—Sí, tranquilo. Al menos eso decía la agencia. Aunque dadas las circunstancias...

—La verdad es que no parece haber tenido usted demasiada suerte. Dos muertes en menos de un mes. Y las dos relacionadas con usted.

—¿Qué quiere decir?

—¡No, perdón! No me malinterprete —dice con ironía—. Lo que quiero decir es que... también es fatalidad. En fin... mire, esto es algo rutinario, como comprenderá tengo que hacerlo, es mi trabajo. Quiero que sepa que usted no está en el punto de mira.

Antonio está perplejo.

—¿En el punto de mira?

—Es una forma de hablar.

—Sí, pero en las películas.

El comisario le mira fijamente. No le ha hecho demasiada gracia su comentario, y vuelve a anotar en la libreta.

Llaman a la puerta y sirve en cierta manera para romper el hielo. Antonio casi lo agradece, aunque no sepa quién más viene.

—Perdone. Debo abrir.

—¡Claro, claro!

Mientras Antonio se dirige a la puerta, el inspector se acerca a la biblioteca, contempla los libros. Uno de ellos está mal colocado, parece que se va a caer. El inspector lo coloca bien, no sin antes leer su título con curiosidad: *El Vímero.* Se detiene ante el armario e intenta abrirlo, pero el armario está cerrado con llave. Mira el reloj. Marca las 10:10. Coloca el oído en el reloj y puede escuchar su tictac. Mira el suyo de muñeca y coloca las agujas en su hora, las 11:30. Se acerca a la mesa en la que reposa el ordenador. Mira las hojas desparramadas totalmente desordenadas y coge una al azar. Lee con curiosidad y vuelve a anotar algo en su libreta.

Antonio abre la puerta. Es Berta. Está desolada.

—No sabía dónde ir...

Antonio la abraza con fuerza.

—Yo... no tengo palabras.

Berta señala el coche patrulla aparcado detrás de la verja.

—¿Qué hacen ellos aquí?

Antonio no sabe qué responder.

—Pues... no estoy seguro... Parece que...

El inspector no le deja terminar. Está al fondo del pasillo junto con el otro policía y se van acercando hacia Berta.

—No es nada, señorita. No tienen por qué preocuparse. Ha sido solo una visita rutinaria, pero ya nos vamos. Lleva su libreta en la mano.

—Soy el inspector Pérez y este es el agente Rodríguez. Mi más sincero pésame.

Berta le mira extrañada. El aspecto del inspector le resulta del todo ridículo. Y simplemente asiente, por cortesía.

—Gracias.

El inspector le estrecha la mano a Antonio.

—Encantado de conocerle, señor Prieto. Gracias por su tiempo. Seguiremos en contacto.

—Adiós, buenos días

El inspector también da la mano a Berta, a la que parece no agradarle en absoluto ese hombre.

—Y a usted la veré pronto, señorita. Cuando pase un poco el trance... quisiera hacerle unas preguntas.

Berta no muestra ningún sentimiento.

—Claro.

Los policías salen de la casa y se alejan. El inspector vuelve la vista hacia atrás, lanza una larga mirada a la pareja y vuelve a apuntar en su libreta.

—Pero ¿qué le pasa a este tío? —dice Berta entre indignada y asombrada.

—Que ha leído demasiadas novelas de Agatha Christie. Vamos, pasa.

Berta y Antonio entran en la biblioteca sin ni siquiera hablarse. Berta mira el reloj, que vuelve a marcar las 10:10 y se sienta en el sofá. Zeus se acerca a ella y le lame la mano. Berta le sonríe y le acaricia. Antonio no sabe bien cómo iniciar la conversación.

—¿Quieres un… café? —dice casi tartamudeando.

—No, no. ¿Tienes algo más fuerte? Creo que en este momento lo necesito

—Claro. ¿Whisky?

Berta asiente. Antonio sirve dos copas y le da una a Berta, que da un largo trago.

—Tanto tiempo intentando… no sé, protegerlas… y de pronto las pierdo a las dos y de esta manera.

Antonio no puede articular palabra, y Berta sigue hablando como si lo hiciera con ella misma:

—Dicen que a veces lo peor de todo no es la muerte, sino la vida que hayas tenido.

Berta ni siquiera mira a Antonio, solo está fija en su copa.

—Muchas veces pienso que nunca fue feliz.

—O quizás sí lo fue, a su manera. No todos buscamos lo mismo.

Se hace un silencio. Berta mira a Antonio.

—No, claro. O a lo mejor es que nadie sabemos exactamente lo que buscamos.

—A lo mejor. ¿Tú qué buscas?

Berta calla. Antonio vuelve a llenar su vaso y le da otro gran trago. Tiene la mirada perdida, incluso ríe. Comienza a estar embriagada.

—¿Qué busco…? Busco un lugar… un lugar en el que… ¿Qué más da? Un lugar inexistente. Solo sé que ya nada me retiene en este puto pueblo.

Antonio se levanta y pone un disco. Suena el fragmento '*E lucevan le stelle*' de la ópera *Tosca* de Puccini. Berta mira por la ventana. La maleza comienza a moverse agitada, como si un viento la impulsara, o más bien como si algo extraño fuera el causante de tal alteración. Es inusual, pero Berta ni siquiera se percata de ello. Quién sabe dónde se encuentra su dolida mente en ese momento. Las lágrimas caen por sus mejillas algo sofocadas por el alcohol. Antonio se acerca a ella y se las seca con sus manos.

—Podrán cortar las flores, pero no podrán detener la primavera… Lo conoces, ¿no?

—Claro, Neruda —dice haciendo un amago de sonrisa.

Antonio le acaricia la cara y le aparta el mechón de pelo que le tapa el ojo. Berta le mira. Antonio la besa y Berta se deja llevar. Se tumban en el sofá. Antonio le quita el jersey despacio y acaricia sus pechos suavemente como si fueran un interrogante. Le besa el delicado cuello incluso con temor de que pudiera quebrarse. Berta sonríe. Esa sonrisa que desde el primer día hizo que perdiera toda posibilidad de autocontrol. Recorre su cuerpo cristalino y terso, y piensa que el mundo en realidad no existe. El mundo está ahí. El mundo es ella.

La música sigue sonando. Y la maleza se mueve con más fuerza. Los árboles comienzan a agitarse. Es como si toda la naturaleza se revelara al compás de sus gemidos. Parece que todo el exterior fuera a echar a volar. Hasta que llegan al orgasmo. Entonces la música cesa y todo regresa a la normalidad. Incluso con más calma que nunca. La naturaleza se relaja. Berta sonríe. Antonio piensa que eso sí que es un sueño de verdad.

19
LA MALDICIÓN

El mal conoce el bien, pero
el bien no conoce el mal.

Franz Kafka

Las campanas de la iglesia doblan. Su toque lento de muerto inunda todo el pueblo. Varios hombres están sentados en la mesa del bar. Juegan al mus como de costumbre, aunque hoy algo es diferente. Un total silencio envuelve la taberna, acostumbrada a los gritos y las salidas de tono de sus clientes. Carmelo está secando unos vasos, aunque parece ni siquiera mirarlos. Remedios, su mujer, saca de la cocina una hogaza de pan recién hecho y la coloca sobre el mostrador. Un hombre desgarbado está sentado en la esquina de la barra. La mano le tiembla cuando se acerca el vaso de vino a la boca. Está borracho.

—Mi padre me decía: "Niño, ojalá no te toque la maldición, que es cosa mala" —dice con risa ebria—. Mira si es mala que se ha *llevao* a tu madre, y con ella a cuatro mujeres del pueblo.

Vuelve a reír. Remedios le mira con cierto odio; es en esos momentos cuando desearía más que nunca tener voz. Carmelo le hace un gesto con la cabeza para que se meta en la cocina. Y lo hace no sin antes volver a mirar al borracho con desdén. Carmelo seca con más fuerza los vasos. Nadie habla, salvo el hombre de la barra:

—A lo mejor nos está haciendo un favor. Nos libra de las mujeres... Una maldición nos quita la otra.

De nuevo suelta una carcajada, que deja a la vista su boca sin dientes. Carmelo no puede más:

—¡Ya está bien, malaje! ¿Es que no te queda ningún respeto por los muertos ni por las mujeres? ¡*Joé!*

Todos miran a Carmelo, pero nadie habla. El hombre también se calla y se toma el vino de un trago. Carmelo está tenso.

—¡Remedios! Ve a dar de comer a los perros, que ya es hora de cerrar.

Remedios sale al patio de la taberna con una cazuela de arroz y huesos de carne. Normalmente, los perros a esa hora esperan ansiosos su alimento y corren deprisa hacia ella. Pero hoy no están. Remedios se sorprende. No los ve. Bate las palmas por si estuvieran durmiendo, pero no aparecen. En el suelo hay manchas de sangre. Remedios deja la cazuela en el suelo asustada y sigue las huellas de sangre hasta la verja. Está abierta. Sale corriendo sin dejar de batir las palmas. Oye un gemido tras unos matorrales. Se acerca, retira las matas y ve a sus perros. Uno de ellos está muerto, destrozado y el otro está agonizando. Remedios comienza a respirar deprisa, con ansiedad. Se acerca al perro y lo coge intentando salvarlo. Las matas se mueven tras ella. Remedios mira hacia atrás. Su cara de pánico lo dice todo. El perro comienza a aullar con todas sus fuerzas. El sonido llega hasta la taberna.

—¿Qué ha sido eso? —dice uno de los parroquianos.

—Parece el aullido de un lobo —apunta otro.

—Pues a mí me ha parecido más bien el de un perro —comenta un tercero.

El perro deja de aullar. Carmelo sale de la barra gritando histérico:

—¡Joder! ¡Remedios, Remedios!

Se dirige al patio. Ve la sangre y llega hasta el matorral. El escenario es dantesco. Remedios yace completamente ensangrentada. A su lado un perro destrozado y sobre ella, el otro, el que aullaba, que seguramente quiso lamerle las heridas antes de que lo mataran.

—¡¡Nooo!! —grita Carmelo mientras se tira desesperado de los pelos y cae de rodillas al suelo llorando.

Los hombres del bar están detrás, petrificados ante ese cuadro terrorífico. La sangre brota por todas partes. Los cuerpos de los perros cubren prácticamente el de Remedios. Todo es rojo… rojo sangre.

20
LA DESTRUCCIÓN

Largo y arduo es el camino que
conduce del infierno a la luz.

John Milton

De nuevo el viento se desata extrañamente y altera todo el bosque. Los árboles acechan agitando sus ramas con violencia, como si tuvieran vida propia. Alguien corre desesperado por él sin saber dónde va. Simplemente huye, casi sin aliento. El aullido de los lobos lo acompaña mezclado con el lamento siniestro que emana del río.

Otra vez una pesadilla. ¿Acaso es posible huir de los sueños? ¡No! Te invaden, te absorben, aunque sepamos que no es real... ¿Cómo puedes separar lo real de lo imaginario? ¿Dónde está esa línea difuminada? Quizás los sueños sean aún más verdad que la vida misma. El problema es que cuando acaban y crees estar ya fuera de todo peligro... la realidad puede que te aterre mucho más. Y es entonces cuando tus pesadillas acaban hundiéndote, porque tu mente no puede separar una cosa de la otra. Y es entonces cuando caes en el abismo, el abismo de lo desconocido.

Antonio está sudando. Al tocarse el pecho comprueba que está pegajoso, pero no precisamente de sudor. Enciende la luz. De nuevo está impregnado de sangre. Se levanta atemorizado. Se mira en el espejo. No da crédito a lo que está viendo. Su aspecto es patético, parece que viniera de una batalla campal. Las sábanas también están manchadas y la sangre corre por el suelo hasta atravesar la puerta. Ya no está soñando. Está totalmente despierto. Esas manchas pringosas le hacen bajar las escaleras hasta llegar a la biblioteca. Hay un libro en el suelo también ensangrentado y abierto en una página concreta. Antonio lo coge. Es *El Vímero.* Antonio lee el texto: "Su aspecto es tan terrible como su conducta: odio, ira, destrucción…". Está desolado, pero sobre todo muy asustado. El reloj sigue sonando. El libro cae de sus manos.

21
LA DUDA

La duda es un veneno
que desintegra (...), una espina
que irrita y daña;
es una espada que mata.

Buda

En la taberna no hay nadie. Ni siquiera está Carmelo. Antonio se dirige a la barra. Está cansado, desaliñado y ojeroso. Carmelo sale de la cocina. Pese a que Antonio esperaba verle con un aspecto parecido al suyo, no es así. Carmelo está como siempre, salvo que no refleja ningún sentimiento en su semblante.

—Buenos días —dice secamente—. ¿Qué se le ofrece?

—Buenos días. Pues... no sé... uno de esos chatos... o mejor no. Algo más fuerte, un licor, sí... un licor de esos suyos, de guindas. Ya sabe.

Carmelo apenas le mira. Se dirige a la balda y coge una botella de licor, sin prisa. Se lo sirve sin decir ni una palabra. La situación es tensa. Antonio quiere decirle algo a Carmelo, aunque no sabe bien cómo y ni siquiera está seguro de que sea lo correcto. Aunque ¿qué es lo correcto en una situación así? Piensa que es mejor dar un primer trago a su orujo, para calentar la garganta:

—Carmelo —pronuncia titubeante—, ante todo quiero que sepa que siento mucho...

Carmelo le corta. No es un hombre de muchas palabras y menos en esos momentos. Nada va a cambiar nada.

—Ya, ya… ¿eso qué más da ya? Pero se lo agradezco de todas formas.

Antonio calla y piensa. Es increíble qué fuerza y qué capacidad de sobrellevar la tragedia tiene esa gente. Primero, Justa y luego, él. Es como si de verdad creyeran que algo así tenía que suceder e intentan asumirlo como si fuera lógico, sin dar muestras de dolor. Antonio se bebe el orujo de un trago. Carmelo le mira inexpresivo.

—¿Quiere otro?

—Vale, está bien.

Carmelo le sirve otro licor. Alguien coge del brazo a Antonio. Este se asusta y se gira. Es el inspector. La última persona que querría ver en esos momentos. Bueno, en general, en ningún momento.

—Perdone, no quería asustarle —dice mirando el orujo—. Un poco pronto para eso, ¿no cree? ¿Una mala noche quizás? Por su aspecto parece que sí.

Antonio le contesta cortésmente cuando preferiría mandarle directamente a la mierda más infinita:

—No, no. Es solo cansancio.

—¡Ah, claro…! Supongo que por su novela, ¿no es así? — pregunta con ironía.

—Pues sí… Está resultando algo complicada.

—Me imagino —dice mirando ahora a Carmelo—. Tantas tragedias seguidas no pueden inspirar a nadie. A menos que se trate de un *thriller* lo que tiene entre manos, claro.

Antonio le mira muy serio. Decididamente, no soporta a ese mequetrefe de 1,60 que lleva un traje dos tallas más grande y esa ridícula libreta siempre pegada a su mano. ¿Un *thriller*? Solo le ha faltado desternillarse de risa en su cara.

—No, inspector. No es mi intención escribir ningún *thriller*, aunque supongo que a usted le encantarán. Pero yo diría que en realidad le pegan más, digamos, las comedias.

El inspector no sabe bien cómo tomarse lo que ha dicho Antonio.

—Bueno, espero que escriba lo que quiera. Aunque si le soy sincero y pecando de indiscreto, bueno, forma parte de mi trabajo... Cuando estuve en su casa pude comprobar que no había escrito más que algunas frases. Un poco extrañas, también hay que decirlo...

—Y supongo que las tendrá anotadas en esa... —conteniéndose— esa libretilla suya.

—Por supuesto. Ya sabe, investigación rutinaria.

Saca la libreta.

—¿Quiere que se las lea?

—¡Pues claro que no, inspector! —contesta con tono agitado—. Las he escrito yo. Pero dígame... ¿a qué ha venido aquí aparte de para hablar de mi escritura?

—No se ponga nervioso. No estoy aquí para verle a usted. Solo he venido a hacerle unas preguntas al tabernero, para ver qué recuerda del terrible suceso, ya sabe, algo...

—Sí, ya sé... rutinario —comenta mirando al suelo—. Pues se le ha caído la libreta. Tenga cuidado, que se le pierde tanta rutina. Adiós, inspector.

El inspector recoge su libreta.

—Gracias, señor Prieto. Que tenga un buen día. Y suerte con su novela. Supongo que volveremos a vernos si usted no decide abandonar este pueblo antes, cosa que sería muy lógica, dadas las circunstancias.

—Adiós, inspector.

Antonio va salir cuando el inspector le llama de nuevo. Está a punto de perder las formas.

—No se ha tomado usted la copa.

—No tengo ganas, gracias. Pero puede tomársela usted. Es un licor excelente.

—¡Oh, no, no! —responde sonriendo—. Estoy de servicio.

—Ya...

Antonio sale con los nervios de punta. Esc hombre sería capaz de hacer que hasta Santa Claus se declarara culpable de algo. Camina despacio. Un coche le pita. Es Berta, que comprueba sorprendida su desaliñado aspecto.

—¿Vas a algún sitio?

—No —dice Antonio sin mucho ánimo.

Berta está confusa, no comprende en absoluto lo que está ocurriendo. Todo parece sacado de una novela… de una novela de terror.

—Anda, sube. Vayamos al río.

Antonio se mete en el coche. Berta nota su estado nervioso.

—¿Qué te ocurre?

—Nada. Ese maldito inspector consigue sacarme de mis casillas.

—¿Otra vez el Sherlock Holmes?

—Es superior a mí, de verdad. Es como si… como si escudriñara, como…

—Sí, es patético. Olvídalo.

Se dirigen al río. Berta no puede dejar de hacer un comentario:

—Pobre Remedios. Era una buena mujer…

Antonio no responde. Ni siquiera la conoció. Berta aparca el coche y pasean por la orilla en silencio. Berta intenta decir algo, pero no sabe cómo hacerlo. Todo lo que está sucediendo es tan insólito y tremendo... Ha perdido a toda su familia de un modo salvaje. Y, sin embargo, ha llegado Antonio, el hombre solitario que solo trata de huir. Y en un momento tan delicado, se ha dejado llevar, incluso han hecho el amor. Hacía mucho tiempo que no tenía una relación. Aunque, claro, a esto tampoco se le puede llamar relación. Si ni siquiera le conoce. Pero está ahí… en un momento terrible en el que ella solo querría desaparecer. ¿O quizás no? En algún lugar de su perjudicado cerebro siente que necesita por una vez en su vida que alguien cuide de ella. Pero no sabe bien si Antonio es el indicado. En ese momento no sabe nada, absolutamente nada. Y se encuentra tan triste y tan cansada…

—Oye yo…

—No tienes que decir nada —ataja Antonio notando la incomodidad de Berta.

—Pero me gustaría decir tantas cosas… Lo del otro día, por ejemplo… fue… no lo sé… ni siquiera sé cómo pudo pasar. Quizá en otro momento habría sido diferente, pero ahora yo… En fin, lo que quiero decir es que ni siquiera sé lo que voy a hacer con mi vida… Tampoco quiero decir que me arrepienta, pero…

Antonio no contesta. Ni siquiera la mira, solo mira el río. Berta sigue hablando… Finalmente, tiene que desahogarse o su cabeza va a estallar:

—¡Dios! ¿Pero qué estoy haciendo? Me estoy justificando… Supongo que es justo lo que no quería hacer. Debo de parecer tan patética como ese inspector. ¡Mierda! Dar explicaciones por una noche, una noche que ni siquiera recuerdo con nitidez lo que pasó y seguramente tú tampoco. Además, una noche en la que yo debería haber estado de luto… una noche trágica… o quizás una vida trágica… Ya no lo sé. Siento que fue un momento en el que no estaba en mis cabales… o quizás sí… ¿Quién sabe? No quisiera parecer una histérica. No estoy atravesando un buen momento y yo… ahora mismo no estoy para pensar… para pensar en nada...

Antonio pone su dedo en los labios de Berta y la hace callar.

—Escucha… Es una alondra en pleno cortejo. ¿Lo oyes?

Berta mira hacia arriba. Antonio señala un árbol.

—Ahora levantará el vuelo, hará movimientos espirales sin dejar de entonar su canto con fuerza llamando a la hembra hasta que esta corresponda… Nunca dejará de cantar hasta que consiga su propósito… Su tono es incomparable… ¡Escúchalo!

Antonio cierra los ojos concentrado. Berta le mira anonadada. Y lanza una gran carcajada. Antonio abre los ojos.

—¿De qué te ríes?

—Lo siento, pero eso no es una alondra.

—¿Ah, no?

—No. Es un canto de gorrión común.

—¿Gorrión común? O sea que no hay cortejo, ni nada. ¿Nada poético entonces?

—Pues yo diría que no... Común, pero que muy común —afirma riendo.

—¡Denunciaré al *National Geographic*!

Ambos ríen mirando a los gorriones.

Pero tras ese breve instante de evasión que le ha hecho salir de lo terrible del momento, y no solo del momento, de lo terrible de su vida, la mirada de Berta vuelve a perderse en el río. Piensa que tiene que hacerle esa pregunta, aunque no sea la ocasión. Simplemente necesita hacerlo:

—¿No me vas a decir de verdad de qué estás huyendo?

Antonio no contesta. No acaba de comprender la pregunta y aunque en cierta manera sí lo haya hecho, no quiere contestar. Berta sigue sin mirarlo.

—Ya lo sé. Tú has venido solo a eso... a buscar retiro y soledad. Luego doy por hecho de que en cualquier otro lugar no estabas tan solo... y algo salió mal. Y entonces tú decidiste huir y...

—Lo que quieres saber es si escapé de alguna relación, ¿no?

—¡No! ¡Yo no...!

—Vamos, Berta, ¡mírame... mírame! ¡Sí quieres saberlo! Porque tú misma lo has dicho. En el fondo crees que todos los hombres huyen. ¿No es así? Es lo que piensas. Lo hizo tu padre, quién sabe si el padre de Soledad... ¿Alguien más, Berta? ¿Alguien más se marchó de tu vida?

Berta está muy nerviosa.

—¡Déjalo! Ha sido una estupidez preguntar eso. Lo siento.

Antonio lanza otra piedra al río.

—No vengo huyendo de ninguna historia, Berta. Mis historias siempre han sido esporádicas, imprecisas, extrañas... Tal vez como lo soy yo. Por eso nunca pude enamorarme. No comprendo el amor. Y una persona que no es capaz de eso... solo huye de sí misma.

Ahora es Berta la que lanza una piedra al río.

—Aún recuerdo el día en el que mi padre se marchó de casa. Aunque yo era muy joven. Mi madre estaba sentada en el sillón con la mirada perdida. Yo lavaba los platos de la cena en la cocina. Y entonces mi padre entró en casa, miró a mi madre, apenas un momento, y se dirigió al baño. Mi hermana estaba vomitando. Se echó las manos a la cabeza... Supongo que le invadió el miedo y sobre todo la culpabilidad. Yo en ese momento no entendía nada. Y salió de la casa dando un fuerte portazo. Nunca más volvió. Y mi madre simplemente dejó de hablar. Ni siquiera le miró antes de marcharse. Ni un sentimiento, ni de odio, ni de rabia... nada. Y luego nació Soledad y mi hermana también dejó casi de hablar. Y el silencio en mi casa es todo lo que yo recuerdo de mi adolescencia.

Antonio no sabe qué decir. Quizás en estos momentos le hubiera venido bien una de esas frases de terapia... pero él no es psiquiatra y no es el más indicado para ofrecer palabras de consuelo, ni de ánimo... Porque además no sirven de nada... solamente son palabras, frases bien construidas que puede que a alguien ayuden, pero ¿a quién? ¡Joder! ¡Son solo palabras! ¡Y las palabras no cambian nada, no resuelven nada, absolutamente nada!

Así que calla y tira una piedra al río. Casi con furia.

Seguramente no es lo que Berta esperaba. En realidad, no esperaba casi nada. Para ella es solo un cierto desahogo. Por eso sigue hablando:

—Yo sí tuve una relación. Una sola. Y pensé que era perfecta, incluso que podría ser la historia de mi vida…

Antonio la mira.

—¿Y…?

— Pues que en realidad no lo era. Le salió un trabajo en Francia, algo muy bueno para su carrera. Se fue. Al principio pensé que era algo estupendo. Se lo merecía. Y decidimos que cuando se asentara del todo, yo iría a Francia con él. Incluso estaba dispuesta a dejar a mi hermana y a Soledad. Pero pasó el tiempo y todo se esfumó... Su móvil y su *mail* dejaron de existir. Simplemente, desapareció. Sin ni siquiera despedirse. Después pude ver en Facebook que se había casado con una francesa. Y eso es todo.

Antonio vuelve en sí. Y coge a Berta de la mano. Ni siquiera sabe bien lo que va a decir:

—La verdad es que hay gente que tiene legañas en los ojos. Y perdona mi expresión. Las legañas no te dejan ver lo maravilloso que tienes delante y eso hace que lo acabes perdiendo.

A Berta se le escapa una lágrima. Antonio aprieta su mano con fuerza.

22
LA JUSTICIA SALVAJE

La venganza es el manjar más sabroso condimentado en el infierno.

Walter Scott

La taberna ya no es la misma. Los hombres siguen jugando y bebiendo, pero la atmósfera es otra. Ya nadie ríe. Un hombre entra. Está muy alterado:

—¡*El* Esteban se ha *escapao!* No se sabe cuándo. La madre no quiere hablar.

Los hombres dejan de jugar. A Carmelo se le cae un vaso al suelo.

—¡Me cago en *tos* sus muertos! —grita uno de los hombres dando un golpe en la mesa.

—Ya sabía yo que esto pasaría tarde o temprano. Nadie puede atar a los monstruos —dice Carmelo con odio contenido.

—No, no hay que atarlos, ¿*pa* qué? ¡Es mejor matarlos! — grita otro hombre.

Carmelo se quita el delantal y sale de la barra hecho una furia.

—Hay que encontrarle antes de que pase algo más.

—¡Sí! Y partirle las sienes —clama enervado otro de los clientes.

Carmelo se frota la cabeza compulsivamente. Su odio es infinito.

—No puede haber ido muy lejos. No conoce el bosque. Estará allí escondido. Pero pronto se hará de noche y será más difícil dar con él. No podemos esperar. Cuanto antes lo encontremos, mejor. Corred la voz. Necesitamos todas las manos que podamos. Nos encontramos en media hora en el río.

Los hombres salen del bar, salvo el borracho de la barra, que ni se levanta.

—Yo que vosotros le dejaría. Los lobos se encargarán de él.

El hombre imita el aullido de un lobo y ríe mostrando su boca infecta.

Benito dormita en el salón de su casa sobre un libro. Algo le hace despertarse. Se asoma a la ventana. Solo ve luces, luces intermitentes proyectadas por unas linternas. El cura siente que algo no va bien…

Antonio y Berta están sentados en la escalera del porche. Zeus reposa la cabeza sobre Berta. No se hablan, tan solo miran al frente. Está refrescando. Berta se encoge de hombros y se frota las manos.

—Te voy a sacar una chaqueta.

Antonio entra en la casa. Berta tiene la mirada fija en el columpio en el que su sobrina jugaba. Algo llama su atención y le hace salir de sus pensamientos. Le parece ver una procesión de luces que se dirige hacia el río. Antonio coge un disco de la balda. Lo coloca en el viejo tocadiscos. La música comienza a sonar. Es un fragmento de la ópera *La Traviata* de Verdi, concretamente el '*Lunge da lei*'. Uno de sus preferidos. Berta mira hacia la casa y sonríe. Cierra los ojos e intenta relajarse…

Varias personas van llegando a la orilla del río cargadas con linternas, mochilas y escopetas. Caminan despacio, sin hablar, como no queriendo ser descubiertos. Son todos hombres. No se miran entre ellos. Van con un objetivo fijo, con la mirada llena de odio y una solo cosa en la mente… venganza.

La madre de Esteban está fuera del cobertizo. No deja de mirar con tristeza la madera rota.

—¡*Jodío* niño! ¿Quién te mandó a ti salir ahí fuera…? ¿No ves que ahí no te quieren?

Las lágrimas caen por sus mejillas. Las vacas no dejan de mugir. Parecen nerviosas. La madre de Esteban se acerca al corral. El perro no para de ladrar desde hace rato. En la noche, puede ver a lo lejos las luces de las linternas. Se santigua con gesto de preocupación. Sabe que nada bueno puede pasar.

—¡Santa Madre Bendita! ¡Virgencita del Rocío! No permitas que le hagan daño…

Esteban avanza perdido por el bosque sin destino. Su respiración es agitada. También ve las luces a lo lejos. Echa a correr muy asustado… La multitud se acerca. Están casi todos los hombres del pueblo. Parecen ir ataviados como si fueran de cacería y es que en el fondo es así; van provistos de uniformes, botas, chalecos y escopetas, e incluso de perros deseosos de una presa.

Berta sigue con los ojos cerrados. Pero un ruido la hace volver en sí. Zeus comienza a ladrar mirando el columpio. Berta abre los ojos y ve como el columpio se está moviendo, pero no hay nadie, ni sobre él, ni tras él. Nadie lo empuja. Berta se levanta extrañada y se acerca. Zeus la sigue sin dejar de ladrar. El columpio sigue moviéndose, como lo hacía cuando Soledad jugaba en él. Berta siente un escalofrío. Mira hacia todos los lados, pero no hay nadie. Se acerca más e intenta frenarlo. Cuando lo va a hacer alguien le toca el hombro. Berta grita y se da la vuelta. Es Antonio con una chaqueta en la mano.

—¡Dios mío! ¡Me has dado un susto de muerte!

—Lo siento, yo… —se disculpa Antonio asombrado—. No era mi intención. ¿Qué pasa?

Berta está temblando. Mira hacia el columpio. Ya no se mueve

—El columpio, el columpio se movía solo…

—Vamos, Berta. Estás muy cansada.

Antonio le coloca su chaqueta sobre los hombros.

—Entremos en casa.

—No. Prefiero quedarme aquí.

—¿Quieres vigilar el columpio? —ironiza Antonio para quitar importancia al asunto.

Berta sonríe.

—Sí, algo así…

Carmelo, ataviado con su atuendo digno de cualquier película americana, toma el mando de la manada y se dirige a sus vecinos como si fuera un *sheriff* de verdad.

—Veo que estáis casi todos. Y os doy las gracias, no por mí, sino por *la* Remedios —dice santiguándose—, que en gloria esté. Y sobre todo para que no les pase lo mismo a las vuestras.

Carmelo señala el bosque.

—Lo que se esconde ahí es un monstruo, no lo dudéis. Y no merece nuestra lástima, sino nuestra venganza.

—¡Sí! ¡Matemos al *tullío*! —dice un hombre levantando su escopeta.

—¡Muerte *al* Esteban! —grita otro.

Y acaban todos coreando al unísono una sola palabra:

—¡Muerte! ¡Muerte! ¡Muerte...!

Berta sigue preocupada. Antonio se da cuenta.

—¿Qué pasa ahora?

—No lo sé. Me pareció ver unas luces extrañas cerca del río.

—Yo no veo nada.

—¡Dios! Debo estar paranoica. Todo lo que está sucediendo últimamente es tan… raro.

La maleza se mueve. Esteban está agazapado entre ella. Ve las luces que se acercan. Nunca había visto luces. Se frota las orejas insistentemente y se acurruca llorando…

Berta está ensimismada. Su mirada se encuentra perdida, quién sabe dónde… Sin mirar a Antonio le dice:

—Supongo que si pudieras volver atrás escogerías otro destino. Siento haber sido yo quien te haya traído hasta aquí, con la de sitios que hay.

—¿Por qué dices eso?

—Porque sí. Porque hay cientos, miles de lugares maravillosos, diariamente se los aconsejo a mis clientes, lugares para perderse, descansar, divertirse e incluso trabajar. Y sin embargo tú has elegido este sitio… este pueblo… Un pueblo que está…

Berta en este punto se calla. Es como si tuviera vergüenza de seguir hablando.

—Adelante, dilo… Desde que llegué no he dejado de oírlo, pero aún no lo he escuchado de tu boca…

—Pues sí. Me negaba a creerlo, pensaba que eran supersticiones, cosas de viejos. Pero es verdad, este pueblo está maldito.

Antonio baja la cabeza y no dice nada.

Los hombres del pueblo, encabezados por Carmelo, se adentran en el bosque con la única luz de las linternas. Solo se escucha el sonido seco de sus botas pisando la maleza.

—¡Silencio! —grita Carmelo.

Los perros empiezan a ladrar.

—¡Por allí! ¡Algo se mueve! —apunta uno de los hombres.

—¡Es él! —asegura otro.

Carmelo hace una señal con las manos.

—¡Vamos!

Los hombres siguen a los perros, que olfatean nerviosos cada vez más cerca de su presa...

Berta no deja de acariciar a Zeus mientras comienza su relato:

—Hay una leyenda en el pueblo que dice que el Vímero, temible dragón que sobrepasa a todos por su monstruosidad y perversidad, quiso dominar estas tierras...

Los perros continúan la búsqueda de Esteban, que no deja de correr atemorizado... Los hombres del pueblo están ya muy cerca.

—¡Allí está! —grita Carmelo.

Berta continúa absorta su relato:

—Pero los paisanos, de una fortaleza infinita, se opusieron y lucharon... Y con la ayuda de la Ángora, una bruja buena, consiguieron derrotarlo.

Berta se está desahogando al contar la leyenda. Antonio reacciona ante el nombre de la bruja:

—¿La Ángora?

—Sí. Así la llaman. Según la leyenda es una especie de ninfa de hermosura sobrenatural y de mente rápida e ingeniosa. Es un ser pacífico que cuando se enamora es la más maravillosa de las amantes, se entrega totalmente a su amado. Pero rechaza el mal en todas sus formas, y cuando lo encuentra utiliza sus armas seductoras para acabar con él. Y entonces, con solo mirarla, su enemigo se queda ciego. E incluso puede causarle la muerte. Y eso ocurrió con el Vímero, que incapaz de resistirse a su belleza, se cegó. Y ella, conociendo su maldad... dejó que el pueblo, llevado por el peor de los odios y ante la impotencia del monstruo, le arrojara una piedra de fuego ardiendo para acabar con él.

Esteban tropieza con una roca y cae al suelo. Una luz estridente le ilumina. A él le parece una luz celestial, que casi le deja ciego. Una luz como la que le describe todas las noches su madre, diciéndole cómo será el cielo al que él irá cuando se muera. Esteban por un momento sonríe. El ladrido de los perros le hace volver en sí. Intenta ponerse de pie, pero no puede. Cuando lo logra, un disparo atraviesa su cuerpo. Se retuerce como un animal, gime, se contorsiona… Finalmente, cae.

—¡Ya está! ¡Ha caído! —dice con orgullo uno de los hombres.

Los perros salen corriendo hacia la presa.

—Hay que asegurarse —replica Carmelo.

Todos se dirigen hacia donde ha caído Esteban…

Berta cada vez está más entregada a su narración:

—Pero ignoraban que es imposible acabar con el Vímero. Acorralado, se zambulló en el río y escupió la piedra. Y entonces lanzó una terrible maldición contra este pueblo: a partir de entonces las mujeres parirían con tremendo dolor hijos deformes.

Los hombres llegan hasta Esteban. Le apuntan con sus linternas, pero su sorpresa es total. Los perros están lamiendo los harapos ensangrentados de la víctima, pero no hay rastro de ella. Esteban no está.

—¡Me cago en *to* lo que se menea! —maldice Carmelo.

—No puede haber ido muy lejos… No con esa herida —apunta otro.

Berta concluye la leyenda:

—Antes de irse, el monstruo juró que cada cierto tiempo volvería para vengarse.

Respira hondo. Ya ha contado la fábula del pueblo. Antonio la mira estupefacto.

—Y ahora todos creéis que ha regresado.

Berta no contesta. Solo mira en dirección al río...

Esteban se mira en el agua. De su pecho no deja de brotar sangre. Esteban grita. Es un grito seco, ahogado, un grito de impotencia y rabia. Su aspecto le resulta terrible incluso a él. Nunca se había visto. Nunca tuvo un espejo. Le viene a la memoria la canción de su madre:

Fuentecilla que corre clara y sonora,
ruiseñor que en la selva cantando llora,
calla mientras la cuna se balancea...

Por un momento, Esteban sonríe. Pero el agua comienza a moverse cada vez con más fuerza, formando un torbellino. Incluso parece que algo va a salir de ella. Esteban vuelve a gritar y su alarido se mezcla con el sonido horripilante que proviene del mismo río. Ese sonido se deja oír en todos los rincones del pueblo.

Berta y Antonio se miran asustados.

—¿Qué ha sido eso? —dice Berta atemorizada.

—No lo sé.

Antonio lanza una carcajada para intentar calmarla.

—A lo mejor es ese monstruo, que no está del todo conforme con la imagen que acabas de dar de él.

—Eso no tiene gracia. Y es mejor que me vaya.

—Por favor, Berta, ¿no creerás de verdad todas esas historias de ogros malos y hadas buenas?

Berta está enfadada. No sabe bien por qué le ha contado esa historia. Al fin y al cabo, son leyendas de pueblo que él ni entiende ni le interesan… y que ella tampoco llega a comprender.

—Yo no creo nada. Tú querías saber sobre nuestra leyenda y yo te la he contado, solo eso. Así tendrás algo más sobre lo que escribir.

—Vale, vale, perdona. Pero dime una cosa, es verdad que aquí hay muchos tullidos, pero si eso de la maldición es cierto… ¿cómo es que a ti no te ha afectado? Parece más bien lo contrario. ¿No serás tú la Ángora esa?

Berta le mira con desprecio.

—Tú nunca has tenido miedo, ¿verdad?

Antonio mira hacia otro lado.

—La ignorancia es la madre del miedo.

Berta se levanta. Antonio la coge del brazo.

—No quiero que te vayas.

—Los dos estamos muy cansados. Mañana hablamos.

—De acuerdo, mañana.

Berta se aleja. Zeus ladra y la acompaña por el jardín hasta la verja ante la mirada atenta de Antonio.

Las vacas cada vez están más alteradas. La madre de Esteban está sentada sobre el camastro de su hijo. Tiene en sus brazos la almohada de Esteban y la aprieta contra su pecho como si fuera un bebé. No deja de moverse como si meciera a la almohada. Y canta una canción, la preferida de él antes de dormirse. La misma canción que lleva Esteban en su cabeza. No puede reprimir las lágrimas. Nadie le explicó lo dura que era la vida… ¿Por qué nadie lo hizo? ¿Por qué nadie se llevó a su Esteban antes? ¿Y por qué nadie se la llevó a ella misma?

A la nanita nana, nanita, ea,
mi niño tiene sueño, bendito sea.

Fuentecilla que corre, clara y sonora,
ruiseñor en la selva cantando llora...

Alguien se acerca al cobertizo. La madre de Esteban puede oír el ruido de sus botas. Deja la almohada sobre la cama y se dirige a la puerta.

—Esteban, hijo... ¿eres tú?

Abre la puerta. Solo puede ver por un instante un enorme rastrillo que se clava en su cara...

Los hombres deciden dirigirse al cobertizo.

—Aquí hay huellas frescas —dice uno.

—Sabía que volvería a su casa. El muy cabrón... —dice Carmelo—. No hagáis ruido.

Se acercan sigilosamente a la puerta. No se escucha nada. Carmelo hace un gesto y abre la puerta de golpe. Todos están preparados con sus escopetas. Apuntan con la linterna. La imagen es monstruosa: la madre de Esteban está tumbada en el suelo con el rastrillo clavado en su rostro. Hay sangre por todos lados. Esteban está sobre ella completamente ensangrentado. Tiene algo en las manos, algo que parece estar comiendo... Es el corazón de su madre.

—¡Joder! —grita Carmelo.

Uno de los hombres vomita. Esteban los mira. Su rostro es dantesco. Está llorando. Intenta incorporarse. Carmelo le apunta con la escopeta.

—¡Quieto! ¡No te muevas!

Esteban se dirige hacia ellos con el corazón en la mano sin dejar de llorar, como implorando consuelo. Su sufrimiento es máximo. Se acerca cada vez más. Los hombres retroceden. Pero Carmelo se pone nervioso y cuando Esteban está cerca de él le dispara tres veces a bocajarro. Esteban cae al suelo, arrojando el corazón de su madre e impregnándolo todo de sangre.

23
LA CAUTIVIDAD DE LOS SUEÑOS

Estamos hechos de la misma materia que los sueños.

William Shakespeare

La pesadilla se repite de nuevo: alguien corre desesperado por el bosque huyendo de algo. La misma imagen de siempre. Se dirige hacia el río. Le persigue el inquietante aullido de los lobos, que parecen estar cada vez más cerca...

Un golpe seco suena y despierta a Antonio, sudoroso. La ventana se ha abierto debido al fuerte viento y está golpeando. Antonio se levanta y la cierra. La música, la misma música del día anterior, suena en el salón. Antonio baja las escaleras. Oye risas.

—¿Berta? ¿Berta, eres tú?

Entra en el salón. No hay nadie, pero el tocadiscos está funcionando. La carátula reposa en el suelo. Zeus duerme mirando la chimenea como acostumbra a hacer, invadido plácidamente por la música. Antonio recoge la carátula y detiene el disco. De nuevo las risas. Parecen provenir del jardín. Antonio se acerca a la ventana. Un caracol pasea por el cristal. Suena la voz de Soledad cantando la canción del caracol. Antonio despega al animal y lo tira con rabia al suelo. Soledad está sentada en el columpio, su madre la está empujando. Las dos miran hacia la ventana. Antonio retrocede aterrado. En un alarde de valentía, abre la puerta y sale al jardín. Va descalzo, pero en ese momento ni siquiera puede sentir el frío de la hierba. El fuerte viento mueve los árboles con insistencia. El columpio también se mueve, pero no hay nadie sobre él. Se dirige de nuevo a la casa. Según se aproxima, le parece como si los leones del escudo se movieran y sus rugidos se mezclaran con el eco de los lobos. Da un paso atrás y le parece pisar algo pegajoso en el césped. Se mira los pies. Están manchados de sangre. En el césped hay un gran charco de sangre. Se arrodilla y escarba dentro de él. Saca algo, algo viscoso, algo que se mueve, aunque está envuelto en tierra. Antonio lo limpia con su mano derecha. Comienza a chorrear más sangre... Es un corazón que aún late. Antonio lo suelta horrorizado. Está lívido. Un sonido infernal lo invade todo. Pero no es el aullido de los lobos ni el rugido del dragón del escudo, es algo mucho más horripilante si cabe, es... el alarido del monstruo.

Zeus lame la mano de Antonio, que despierta asustado. El perro ladra, incitándole a salir de la cama. Antonio echa un vistazo a su alrededor. Es de día. Mira su reloj: las 12:30. Zeus quiere pasear. Todo, todo ha sido un sueño. Antonio acaricia la cabeza del perro, pero es incapaz de sonreír.

24
LA TORTURA DEL ALMA

Quien mira hacia adentro
despierta.

Carl Gustav Jung

Antonio está parado en la puerta de la iglesia. En realidad no sabe bien qué hace allí. Observa su arquitectura más por miedo a entrar que por otra cosa. Es una capilla de piedra con varios ventanales en forma triangular. Y la puerta está realzada por un arco apuntado. Seguramente, albergará alguna historia curiosa. Todas las iglesias, aunque sean de pueblos pequeños, guardan su propia historia, su propia vida. Posiblemente anécdotas inconfesables o más bien solo confesadas ante el cura de paso. Eso es lo único que le puede producir curiosidad de una iglesia a Antonio. Y esta es sin duda demasiado grande para un pueblo tan pequeño. No sabe bien por qué está pensando ahora en eso. Lo mejor sería que diera media vuelta y fuera a dar un paseo por el río. Eso es, aire puro, es justo lo que necesita. Pero… ¡no!, no puede seguir hablando solo consigo mismo. No es la solución. Lleva demasiado tiempo haciéndolo. Y nunca le ha servido de nada. Más bien al contrario. Precisamente es posible que cada uno sea el peor enemigo de sí mismo. Ha llegado hasta aquí con un objetivo, y aunque tampoco le sirva de ayuda, quizá su mente se lo agradezca, sobre todo como desahogo. Benito no es como los psicólogos de las terapias. Ni siquiera es psicólogo. Pero debe hacerlo, necesita hacerlo.

Antonio empuja la pesada puerta de madera labrada y entra en la iglesia. Ve a Benito llenando el cáliz para la próxima misa. Mientras saca brillo a su copa de oro con un ligero paño blanco nota que alguien está tras él. Ni siquiera se da la vuelta.

—Aún es pronto. El funeral no será hasta las cinco. Así que no hay misa matinal.

Benito nota por la sombra que el visitante no se va. Se gira despacio. Se encuentra con Antonio. Tiene un aspecto deplorable: desaliñado, ojeroso, la mirada perdida... Benito se asombra, pero actúa con normalidad:

—¡Ah, es usted! Creí que... La gente es muy curiosa en estos casos.

Benito se acerca a Antonio.

—Pero... ¿qué le ha pasado? No tiene buena cara.

—No he dormido bien. ¿A qué funeral se refiere?

Benito hace un gesto de profunda lástima.

—Ese pobre chico, *el* Esteban.

—¿El del cobertizo?

—Sí.

—¿Qué le ha pasado?

—Los encontraron ayer, en el establo.

—¿Los encontraron?

—Sí, a él y a su madre, muertos. Pero prefiero ahorrarle los detalles. ¡Algo espeluznante! ¡Pobre criatura! Mucho antes tenía que habérselo llevado Dios. Pero supongo que lo retuvo aquí por algo. Ahora todo el pueblo respira tranquilo. Por fin han capturado a su presa.

Antonio mira al sacerdote con asombro.

—No le entiendo.

—Ya lo sé, hijo. Usted no es de aquí, ni yo tampoco. Pero este pueblo...

—¡No! Por favor, ya sé lo que me va a decir... que este pueblo está maldito.

Benito se molesta.

—Pero… ¿a qué viene eso? ¿De verdad piensa que yo puedo creer algo semejante? ¿Por qué? ¿Por que llevo este hábito? ¡No, hijo! No creo en maldiciones, como tampoco creo en bendiciones.

Antonio no sabe qué contestar. Ciertamente, ese cura no deja de sorprenderle. Nunca había conocido a alguien así, y mucho menos enfundado en una sotana. Benito se da cuenta.

—Vuelvo a desconcertarle.

—Pues… sí.

—Perdone. Es una de mis habilidades. Lo que le quería decir es que la ignorancia es la madre de la maldad. Porque la ignorancia lleva al miedo, el miedo al odio y el odio a la violencia. Y eso es precisamente lo que ocurre en este pueblo. Y supongo que precisamente por eso me destinaron aquí. Un cura que dejó de creer en todo no es bueno para la iglesia. Supongo que este pueblo es mi castigo.

Antonio calla. Benito vuelve a su faena y sigue sacando brillo a los instrumentos litúrgicos, dando la espalda a Antonio.

—Pero no es el suyo —prosigue con tono de resignación—. No es su castigo.

—¿Cómo puede estar tan seguro de eso?

—Porque usted aún puede marcharse.

Se hace un silencio. Benito mira a Antonio fijamente.

—Dígame… ¿A qué ha venido a la iglesia?

Antonio titubea.

—Verá… me gustaría hablar con usted.

Benito se extraña y mira hacia el confesionario.

—¿Quiere confesarse?

—¡No, no! —dice Antonio sonriendo—. Creo que es la segunda vez que entro en una iglesia. Pero necesito hablar con alguien y pienso que usted es el más indicado, pero no porque sea sacerdote, sino porque…

Benito le interrumpe ya que le nota muy nervioso:

—Está bien, está bien. Siéntese, muchacho.

Antonio observa el retablo de mampostería, seguramente barroco. Aunque la arquitectura religiosa no es su fuerte, puede ver que es asombrosamente bonito, sobre todo para tratarse de un pequeño pueblo. La figura del Cristo crucificado sobre una cruz de madera con corona de espinas y rostro sangrante, acompañado de quién sabe qué santos y ángeles, le hacen sentir una especie de escalofrío. La religión nunca fue tema de su agrado.

—Yo preferiría… sentarme en otro sitio.

Benito mira hacia el retablo.

—Claro, venga por aquí.

Benito acompaña a Antonio hacia la sacristía. Ya no hay vuelta atrás. Tiene que contarle a Benito cómo le están afectando esos espantosos sueños de los que no se puede librar desde niño, y que, con su llegada al pueblo, se han agravado de manera incontrolable. No espera ayuda, sabe que es imposible, pero al menos puede ser que su alma, en cierta manera, se libere, y si tiene que ser de la mano de un sacerdote… pues que así sea.

25
EL ANHELO DE LIBERTAD

A veces buscamos lo que todavía no estamos preparados para encontrar.

Libba Bray

Antonio está sentado en el río. La conversación con el sacerdote fue reconfortante, como cabía esperar. Benito no es un cura sin más. Su presencia y su forma de hablar y, sobre todo, de escuchar evocan paz. Y aunque nunca tuvo padre, no le hubiera importado que alguien como Benito lo hubiera sido.

Coge una piedra y la frota con la mano dándole vueltas. Le vienen a la mente varias frases: "... este pueblo no es el suyo, no es su castigo", "... esto tenía que pasar tarde o temprano", "... pero usted aún puede marcharse", "... si tiras una piedra al agua, es para pedir un deseo".

Antonio sonríe y tira su piedra al río. Ojalá fuera tan fácil. Quiere pensar que ese pensamiento infantil... Pero él nunca tuvo infancia. Una voz le devuelve de su ensimismamiento. Es la voz del inspector. Obviamente, no es de ninguna forma el deseo que ha pedido.

—Veo que sigue usted aquí, en el pueblo. Es digno de mérito, dadas las circunstancias.

Antonio se vuelve. El inspector está de pie luciendo su sonrisa irónica de costumbre, esa sonrisa que imita a los policías de las series de televisión, y que a él, particularmente, le saca de sus casillas. Antonio hace amago de incorporarse.

—No se levante... No hace falta. Se le ve muy relajado, eso es bueno.

A Antonio le encantaría en ese momento decir algo así como: "Sí, estaba relajado hasta que apareció usted con su cara de memo", pero se reprime. Ese hombrecillo está hecho de otra pasta. Su sonrisa sigue ahí. Nunca ha sido muy dado a la violencia, pero en ese momento le dan ganas de darle un puñetazo a ese inspector. ¿Por qué no le deja en paz?

—Solo he venido a dar parte de un cadáver —informa con una nueva sonrisa—, el quinto en poco tiempo. Pero parece que este va a ser el último... Al menos es lo que creen todos... ¿Usted qué cree?

—Supongo que lo que crea yo es lo de menos

Mira al fondo. El mismo coche con los mismos policías no dejan de observarle. El inspector nota que su presencia le está incomodando y, en cierta manera, se siente a gusto con ello.

—Bueno... seguro que ya no volveremos a vernos. Muerto el perro... se acabó la rabia, ¿verdad, señor Prieto?

Antonio no contesta, pero piensa que ojalá no vuelva a ver en su vida a ese ser tan desagradable. Aunque intuye que no va a ser fácil deshacerse de él.

—¿Y cómo va su novela? Parece que sigue usted buscando inspiración... en el bar, en el río... ¿Dónde más, señor Prieto?

—Oiga...

El inspector le interrumpe:

—¡Oh, no me malinterprete! Solo deseo que haya avanzado algo desde aquellas frases que pude leer. Aún las conservo en mis apuntes. Curiosas, pero que muy curiosas. También me llamó la atención aquel libro que tenía a punto de caer de la balda. Supongo que porque lo estaba ojeando y lo colocó mal... ¿Cuál era su título? —se pregunta mientras consulta su libreta—. ¡Ah, sí! *El Vímero*. Supersticiones de pueblo, ¿no cree, señor Prieto? No hay que temer a las leyendas, hay que temer a los hombres.

—Debería haber sido usted filósofo, inspector —dice casi fuera de sí—. Creo que se le habría dado mejor. Al fin y al cabo, los filósofos hoy en día no sirven para mucho.

El inspector se sorprende. No esperaba esa respuesta. Antonio le alarga la mano.

—Adiós, inspector.

—Adiós, señor Prieto. Pero que sepa que hace mal en quedarse aquí.

—Que tenga buen viaje.

—Gracias. Y usted que tenga suerte —le dice despidiéndose con ironía—. Me refiero a su novela, claro.

—Claro.

El inspector se aleja en dirección al coche no sin antes anotar algo en su libreta. Antonio lanza una piedra con toda la fuerza y rabia que le es posible.

26
EL AULLIDO DE LA NOCHE

La noche tiene la forma
de un grito de lobo.

Alejandra Pizarnik

La botella de whisky está medio vacía. Zeus está tumbado en la butaca frente a la chimenea, descansando plácidamente. Hay un texto inacabado en la pantalla del ordenador:

En cada paso que doy, dejo una huella única e irrepetible pese a que no quiero. Es imposible volver hacia atrás, pero continuar resulta del todo insoportable...

Antonio sigue sin poder concentrarse. Aún recuerda cuando con un par de tragos de alcohol, las palabras fluían. Incluso parecían salir solas. Las frases se deslizaban ligadas una detrás de otra. Hasta parecían manifestarse antes de que él pudiera llegar a pensarlas. Pero eso era antes. Fue lo que ocurrió en su primera novela. Quizás la suerte del principiante. Quién sabe. Y quizás porque se titulaba *La calma*. Y eso puede que ayudara. ¡Qué demonios! Ahora sería incapaz de escribir algo semejante. El caso es que ahora es incapaz de escribir, ni eso ni nada. Su mente sufre un bloqueo inamovible. Es como si se encontrara con un cerco y una gran verja de hierro cerrada desde la que se puede ver el interior, pero es absolutamente imposible entrar. Y más con lo que está sucediendo a su alrededor. ¿*Calma*? Es una palabra absurda, en una mente que nunca ha sabido qué significa. Mira a Zeus. Parece feliz. Es posible que eso sea en cierto modo la calma. Y que los que nos llamamos humanos no podemos entender. Ciertamente, es el que mejor se ha adaptado al cambio de los dos. Y dicen que no suele ser tan fácil. Los perros se estresan si los cambias de lugar. Y sin embargo, Zeus, parece incluso que ya hubiera estado ahí anteriormente. Mejor así. Sería una pesadilla, o más bien una pesadilla más, tener al perro todo el día inquieto. Zeus levanta el hocico y le mira. Como si supiera que está pensando en él. Antonio le sonríe. Zeus salta de la butaca y se dirige a la puerta. Comienza a ladrar.

—¿Qué pasa Zeus?

El timbre de la puerta suena. Antonio se extraña. Mira su reloj. Son las siete y media. Quizás sea Berta. Antonio abre. La anciana de las manzanas le sonríe con su cesto y su negra dentadura.

—No quería asustarle, señor. Pasaba por aquí... Traigo manzanicas buenas. Recién cogidas.

Antonio mira la fruta y recuerda lo de los gusanos.

—No, gracias.

—Ande, cójalas. Son frescas, recién arrancadas del árbol... Solo me quedan estas.

Pronto va a oscurecer y está empezando a llover. Antonio se da cuenta de que la mujer no se marchará hasta que venda las manzanas. Busca en su bolsillo, saca un billete y se lo da. Mira el cielo. Anuncia agua abundante.

—Está bien. Y vaya deprisa, se va a calar.

—Que Dios se lo pague y le dé suerte. Ya verá qué buenas. Mucha suerte, muchacho, mucha suerte.

Antonio cierra la puerta y piensa: "¿Suerte? ¿Por qué ha dicho eso?". Deja las manzanas sobre la mesa. Mira por la ventana. Comienza a llover con más fuerza. Seguramente la mujer va a llegar a su casa empapada. Observa las manzanas y se dirige al perro:

—La verdad, Zeus, es que estas manzanas tienen buen aspecto. Si no fuera por lo que dijo aquél hombre: "Todo el mundo sabe que las manzanas de *la* Emilia están llenas de gusanos".

Antonio sonríe. Coge una bola de billar y la tira con fuerza. Hace una carambola.

—¡Ahí está! ¿Has visto, Zeus? No todo en esta vida es malo.

Zeus tuerce la cabeza como si le entendiera. La lluvia azota cada vez con más fuerza.

El inspector conduce despacio cerca de la casa de Antonio. Comprueba que las luces de la casa están encendidas y al mirar se distrae. Algo le hace reaccionar. Un lobo está parado en la carretera comiendo algo del suelo. Algo que parece viscoso. El inspector intenta esquivarlo, lo consigue, pero derrapa y acaba empotrándose contra un árbol. Su coche no deja de echar humo. Sabe que tiene que salir del vehículo, pero el miedo al lobo le tiene paralizado. Coge su móvil, pero no hay cobertura. Sale de todas formas. No puede quedarse ahí. El lobo parece haberse ido, pero la lluvia es muy intensa. Está muy asustado. Y de pronto oye el gruñido. Mira hacia atrás. El lobo le está observando fijamente desde la distancia. El móvil cae al suelo justo dentro de un charco de agua. El inspector retrocede despacio atemorizado. El lobo vuelve a gruñir. El inspector tropieza y cae al suelo. De nuevo el gruñido... Se tapa los ojos. Cuando los abre puede ver la mirada del lobo muy cerca de él. Se acurruca presa del pánico. Y entonces un sonido intenso que parece salir del río retumba con fuerza. Es tan intenso que incluso el lobo se paraliza y comienza a gemir, como si fuera un cachorro. Ese sonido es más fuerte que su poder y el lobo lo sabe. Sale corriendo hacia su guarida. El inspector abre los ojos. Ya no sabe si le asusta más el lobo o el terrible ruido proveniente del río. Pero el lobo ya no está. Se levanta y mira hacia la casona, se dirige hacia ella exhausto sin dejar de mirar hacia atrás. Es su único recurso, aunque no quiera.

El sonido del viento y la lluvia se mezcla con el del timbre. Antonio abre la puerta. La música de Bach suena al fondo. El inspector está totalmente mojado y exhausto. Tiene un aspecto lamentable, pero pese a esa apariencia patética, Antonio cree que ese hombre es casi peor que una de sus pesadillas. El inspector sabe bien que no es el momento, ni siquiera el lugar, pero casi no le queda aliento.

—Perdone que le moleste a estas horas. Le juro que no vengo a importunarle.

Antonio no puede reprimir su gesto de hartura. Le da igual si se le nota, incluso cree que es mejor así.

—Juraría que ya nos habíamos despedido.

—Lo sé, lo sé, y lo siento... Ni siquiera estoy de servicio, pero he tenido un percance con el coche.

El inspector comienza a ponerse muy nervioso y habla demasiado deprisa:

—Había un lobo en la carretera, me miraba fijamente. No sabía qué hacer. Entonces derrapé. Había un árbol... y choqué... y mi móvil... mi móvil... Derrapé... Lo siento...

—¿Un lobo? ¡Venga, inspector, no se ponga nervioso, no le va nada! ¿Y contra quién dice que derrapó? ¿Contra el lobo, contra el árbol o contra el móvil?

El inspector está a punto casi de sufrir un ataque de nervios.

—Le juro que en estos momentos no estoy para bromas.

Antonio por primera vez vislumbra un ápice de humanidad en ese hombre. El miedo le ha hecho parecer por una vez casi una persona de carne y hueso, y no un personaje de serie mediocre.

—¡Ande, pase, inspector Poirot!

—No es necesario, señor Prieto. Solo quisiera que usted hiciera una llamada para que vinieran a recogerme, nada más. Mi móvil...

—Ya, ya. Su móvil. Su móvil derrapó. Pero yo no tengo móvil, así que será mejor que pase. No le niego que me gustaría tener una visita más agradable esta noche... pero no voy a dejarle ahí fuera con este tiempo. Está claro que no es fácil deshacerse de usted.

Lo que es evidente para Antonio es que el inspector está en estado de *shock*. Ni siquiera ha contestado a su comentario y eso en él es más que preocupante. Sigue a Antonio hasta el salón.

—Venga, hombre. Quítese el abrigo y esa ropa mojada. Tendrá que quedarse aquí esta noche, muy a mi pesar. Ya le he dicho que no tengo móvil. Lo perdí.

—Gracias de nuevo. No sé qué decir.

—¡Vaya! Pues conociéndole esa sí es una novedad. Vamos, le traeré algo de ropa.

Cuando Antonio sale del salón, parece que el inspector recuperara parte de su verdadero yo y mira a su alrededor. El libro sobre el Vímero no está en la estantería. Pero el ordenador está encendido. Mira hacia la puerta por si volviera Antonio, se acerca despacio y lee:

En lo profundo del alma, siempre existe un ápice de sensibilidad y ternura. Incluso en las almas más atormentadas y monstruosas. Solo hay que saber encontrarlo. Pero eso precisamente es lo más difícil.

El inspector se estremece ante la profundidad de la reflexión. Intenta coger su libreta para anotar el texto, pero Antonio está tras él.

—¿Qué ocurre, Poirot? ¿No encuentra su libreta de notas? A lo mejor se la ha comido el lobo...

El inspector se siente incomodado.

—Bueno... Yo solo...

Antonio mira el ordenador.

—No se preocupe, inspector. Si acabo esta dichosa novela, será el primero en recibir una copia, incluso firmada. ¿Qué mínimo? Está usted más interesado casi que yo mismo.

Antonio le da la ropa riendo.

—Tome y cámbiese. O cogerá una pulmonía. El baño está al fondo a la derecha. Y deje su ropa colgada para que se seque.

Antonio juega al billar. El inspector aparece en el salón ataviado con un chándal que le queda en exceso grande. Es obvio que Antonio ha elegido adrede ese atuendo. Es su manera de vengarse de este fastidioso personaje, aunque pueda resultar pueril. No puede reprimir una carcajada. La cara del inspector refleja una especie de odio contenido que disimula de una forma pésima, lo que hace que a Antonio le produzca aún mayor diversión.

—Lo siento, inspector. No he encontrado algo acorde a usted. Cuando uno intenta retirarse del mundanal ruido, lo más cómodo es el chándal. Aunque supongo que usted no sabe lo que es eso... me refiero a un chándal —dice riéndose.

El inspector se remanga la sudadera prestada e intenta contenerse. Al fin y al cabo, las circunstancias esta vez no están a su favor.

—No se preocupe, señor Prieto —dice mordiéndose la lengua—. Está bien, está bien.

Antonio deja de reír. La broma ya ha llegado demasiado lejos. Ese hombre está verdaderamente atemorizado. Y él está ebrio. Y sin saber bien por qué ese hombre está ahí, en su casa. ¿Por qué? ¿Por su mala suerte... por un lobo... por el azar...? ¿Qué puede hacer? ¿Poner la música más alta, quizás? Zeus está acostado frente a la chimenea, como siempre, acunado por la música. Quizás ese inspector sea una más de las torturas de su vida. Aunque viéndolo con ese chándal… hasta le da algo de pena.

Solo se le ocurre decir:

—¿Una copa?

—¡No, gracias!

Antonio mira el cesto con las manzanas. Parece ser que sus ganas de vengarse del inspector no han acabado aún.

—O quizás prefiera una manzana. Están recién cogidas.

—No, no, gracias. De verdad.

—Vamos, hombre. Ha dicho usted que no está de servicio. ¿O quizás si lo está? ¿Trata de embaucarme, señor Pérez?

Antonio vuelve a reír. El inspector no se siente cómodo. En ese momento casi preferiría estar cerca del lobo. Mira el reloj que sigue marcando las 10:10, aunque evidentemente es mucho más tarde. Las agujas continúan sonando.

—Ese reloj no está en hora —dice intentando salir del trance—. Son exactamente las…

Antonio le interrumpe:

—Sí, las 00:50, para ser exactos. Pero ese reloj va por libre, como parece que sucede todo aquí. Da igual la hora que sea, ese reloj siempre marca la misma, aunque nunca deja de funcionar. Nunca se para. Curioso, ¿no es cierto? A lo mejor quiere anotar eso en esa libreta suya. Aunque puede ser que ahora mismo esté un poco mojada. Es una pena.

El inspector parece estar cada vez más nervioso y, de alguna manera, Antonio se siente cada vez más pletórico. Quizás sea debido al alcohol, o quizás a sus ganas de humillar a ese despreciable hombrecillo. Y parece que finalmente lo ha conseguido. El inspector se siente acorralado:

—Creo que aceptaré esa copa —dice casi temblando.

—Claro, inspector. Buena idea. Todos deberíamos evadirnos de nuestras rutinas, y, qué diablos, deberíamos evadirnos de nuestra propia vida, sea la vida que sea. ¿Qué tal su vida, inspector? Porque supongo que tendrá una.

Antonio le sirve el whisky despacio. El inspector se toma la copa casi de un trago ante la sorpresa de Antonio.

—¿Es así como se evade usted? —dice el inspector en un arranque de valentía—. Sí, claro que tengo una vida. Una maravillosa vida. Una mujer y dos preciosas hijas. Y a usted… ¿tan mal le ha tratado la vida?

Antonio ni siquiera le mira. Y está claro que no va a contestar esa ridícula pregunta, tan ridícula como el propio inspector.

—¿Juega usted al billar? —le pregunta casi sin mirarle.

—He jugado, pero hace mucho de eso.

Antonio sigue sin mirarle. Fija sus ojos en la mesa de billar, como planeando la estrategia a seguir.

—Pues realmente se lo aconsejo. Despeja la mente.

Antonio, tras estudiar su jugada, hace una carambola.

—Así que había un lobo… —dice sobre todo para cambiar la expresión del inspector.

—Sé que es difícil de creer, pero así es.

Antonio sigue mirando solo al billar. Está en su casa y desea mostrar su dominio o más bien su indiferencia. En cualquier caso, quiere jugar con el inspector, tanto como este lleva haciéndolo con él.

—Aquí dicen que los lobos nunca bajan al pueblo —comenta irónico—. No me malinterprete, pero es toda una casualidad que si algún lobo perdido ha decidido por lo que sea hacernos una visita, se lo haya encontrado precisamente usted. Y lo que es aún mejor… precisamente enfrente de mi casa.

Antonio vuelve a tirar la bola. Le ofrece el palo de billar al inspector.

—¿Quiere probar? Esto es como montar en bici, nunca se olvida.

El inspector da otro trago a su copa y coge el taco. Hace una jugada, no demasiado buena. Ciertamente, el anfitrión le está incomodando.

—Oiga, señor Prieto, sé que no le caigo simpático. Tampoco lo pretendo. Yo solo hago mi trabajo. Eso es todo.

Se hace un silencio. Antonio clava su mirada en la del inspector, que intenta por todos los medios no mostrarse temeroso.

—Claro, inspector. Y lo ha hecho muy bien, al parecer. Finalmente, parece ser que se encontró al culpable de las desgracias. ¿No es así?

El inspector intenta volver a su pose de siempre.

—Bueno, eso parece, pero solo en principio. Y si le soy sincero, eso espero. Que acabe todo.

—Pues yo no le veo muy seguro, perdóneme.

—Bueno... por experiencia, sé que en la vida no hay que dar nada por sentado.

—Ya. Yo vine aquí buscando retiro y tranquilidad, supuestamente a un lugar seguro, y lo que ha ocurrido aquí es... es...

Antonio golpea con rabia la bola de billar. El inspector incluso se estremece.

—Es terrible, señor Prieto.

Antonio ni siquiera está ya en esa habitación. Está simplemente en su mundo.

—¿Qué se puede esperar de un pueblo amargado, lleno de supersticiones y miedos, inspector?

—No lo sé. A lo mejor usted sabe algo más que yo. Me refiero a los miedos.

Antonio clava su mirada en el inspector.

—Yo solo sé que el miedo genera miedo. Y cuando vives en un lugar como este... cualquier cosa puede acabar pasando. Las personas más peligrosas, inspector, son las que están llenas de miedo. Son capaces de todo.

Antonio suelta una gran carcajada. El inspector se inquieta, aunque intenta por todos los medios disimularlo.

—¿Le he asustado, inspector?

—¡Por supuesto que no!

—Ya. Los lobos dan más miedo. Es un hecho. Al menos a mí, sí. Creo, inspector, que ya he bebido demasiado por hoy. Y usted también debe de estar agotado, sobre todo porque al parecer... es el único que se ha encontrado frente a frente con un lobo. No debe ser nada agradable... —le dice con tono irónico.

—Pues no... Se lo aseguro.

—¡Claro! Y por cierto... ¿de dónde venía a estas horas por aquí?

—Pues verá...

—¡Da igual, da igual! Al final me acabo pareciendo a usted, siempre preguntando... Y yo tampoco estoy de servicio —dice riendo—. Será mejor que nos acostemos. Le llevaré hasta su habitación. Creo que estoy borracho. Y por eso le puedo decir que sé que usted está cumpliendo con su trabajo. Es lo que tiene que hacer.

—Claro. Eso intento.

—No me cabe duda. Mañana arreglaremos el problema de su coche. El problema de los lobos, yo no lo puedo arreglar. Tendrá que dormir con ellos. Yo lo hago siempre.

El inspector vuelve a estremecerse. Antonio hace una nueva carambola y ríe.

—Es broma.

El inspector está casi temblando.

—Ya, claro. Usted siempre tan sarcástico.

—Ni más ni menos que usted, inspector.

—Es usted un buen jugador.

Antonio se vuelve a reír.

—Depende de a qué estemos jugando, inspector. Siempre depende... Vamos, le enseñaré su habitación.

Los dos suben las escaleras sin hablarse. Antonio abre una puerta, la primera.

—Bueno... esta es... Yo prefiero dormir en la del fondo. Parece, o al menos me lo parece a mí, que hay menos ruidos nocturnos.

El inspector se sobrecoge.

—¿Ruidos nocturnos?

—Sí... En un lugar donde no se oye nada, cualquier mínimo sonido puede llegar a perturbar tus sueños. Pero supongo que son solo paranoias de alguien que lleva demasiado tiempo viviendo en la ciudad, en la que los ruidos lo inundan todo. Y cuando de repente solo hay silencio... es casi más angustioso que el propio bullicio. Pero vuelvo a decirle que no pretendo asustarle.

El inspector intenta calmarse.

—Pues si lo intenta, señor Prieto, debo decirle que no lo ha conseguido.

—Buenas noche, inspector.

—Buenas noches.

Antonio se aleja por el pasillo ante la mirada pasiva del inspector. Cuando llega a su habitación, le mira con una sonrisa irónica, que al inspector le produce un escalofrío. Todo resulta tan... tan... ni siquiera él encuentra la palabra oportuna. Entra en su habitación y cierra la puerta con miedo contenido. En tantos años de profesión, nunca se había sentido así. Respira hondo. Es un hecho que el susto del lobo no se ha ido del todo... Y además, ese hombre, el escritor, tiene la capacidad de poner los pelos de punta a cualquiera. Intenta relajarse... Podría ser peor. Podría estar ahora mismo en la calle o degollado por los lobos. Contempla la estancia. Es acogedora, en cierta manera, aunque no sabe bien por qué esa casa no deja de darle cierta grima. Está cansado y las copas que se ha tomado no le han sentado demasiado bien. Intenta dormir. Todo está siendo muy confuso. Trata de recordar si ha tenido algún caso similar en su trayectoria profesional, pero no da con ninguno. Ciertas reyertas, varios casos de violencia de género, incluso un hijo que asesinó a su padre por la herencia. Pero este caso es, sin duda, muy complejo. Porque hay algo dentro de su cabeza que le dice que aún no se ha zanjado. Se acuesta sin desvestirse y sin deshacer la cama. Finalmente el cansancio puede con él y se queda dormido. Hasta que oye unos ruidos y se despierta sobresaltado. El ruido no parece provenir del exterior, sino más bien de dentro de la casa. Sale de su habitación. Una leve música suena. Es la ópera *Casta Diva*. Baja despacio las escaleras. El sonido de la música se entremezcla con el sonido del billar. El inspector entra despacio en el salón. Cree ver a Antonio de espaldas jugando.

—Señor Prieto, ¿es que no puede dormir? Yo tampoco... Tenía razón sobre los ruidos...

El hombre remata la carambola, se da la vuelta y mira fijamente al inspector... pero no es Antonio. El inspector se ve a sí mismo, pero muerto. Su rostro está totalmente destrozado. El sonido del reloj suena cada vez más fuerte. Siguen siendo las 10:10.

27
EL CAMINO INCIERTO

No andes errante…
y busca tu camino.

León Felipe

Antonio y Berta están sentados frente al río. Berta lanza una pelota al agua y Zeus se tira como loco a cogerla.

—¿Y dices que ese inspector se fue de tu casa sin decir nada? —le pregunta Berta asombrada.

—Así es. Cuando me desperté ya no estaba ahí. A lo mejor le asusté de más. Aunque te voy a ser sincero… disfruté cuando vi su cara patética de pánico al hablar de los lobos.

Berta sonríe. Le encanta ver la felicidad de Zeus nadando.

—La verdad es que se lo merece. Un tipo siniestro... Y además, cansino. No sé qué es lo que esperaba encontrar en tu casa. Todo ese rollo de los lobos... Aquí no hay lobos. Y si hay, están en el monte, nunca bajan.

Antonio la mira seriamente.

—Ya. Me vas a decir lo mismo que tu hermana. Los lobos nos protegen. Pero, ¿sabes?, yo sí oigo a los lobos. Y te he de decir que su aullido estremece. Y aunque ese inspector no me agrade en absoluto… su excusa para entrar en mi casa no era tal. No creo que se lo inventara. Estaba totalmente atemorizado. Como lo estoy yo muchas noches.

Se hace un silencio. Berta lo rompe:

—He visto una plaza disponible en mi empresa en Córdoba, y he pedido que me trasladen. Ya no puedo seguir aquí.

Antonio no esperaba una noticia así, pero intenta que no se le note muy afectado. Zeus vuelve con su pelota. Antonio se la vuelve a tirar sin mostrar ningún sentimiento.

—Haces bien. Este no es un buen lugar para ti. En realidad, pienso que no es buen lugar para nadie… salvo para los que ya no creemos pertenecer a ningún lugar.

—Tienes razón en parte. No es un buen lugar. Pero tú… ¿qué piensas hacer? ¿Vas a seguir aquí?

—Supongo que sí. Alguien dijo: "Nadie encuentra su camino sin haberse perdido varias veces".

—Es por tu novela, ¿verdad? Nunca me hablas de ella.

Antonio se siente turbado.

—Bueno, en realidad, está siendo más complicado de lo que parecía en principio cuando llegué. Es, no sé… Quizás no sea la novela en sí… quizás sea yo mismo.

—Es normal, más que normal. ¿Quién puede concentrarse con todo lo que ha sucedido? Es todo tan siniestro... Pero creo que tú te has empeñado en acabar esa novela aquí. En el fondo, y no sé muy bien por qué, pienso que eres la típica persona que es capaz de crecerse ante los obstáculos, incluso capaz de sentirse atraído por ellos y conseguir que puedan servirle de inspiración.

Antonio sonríe.

—¡Vaya! Ni siquiera mi psiquiatra ha sido capaz de dar una visión de mí tan intensa.

Berta se ruboriza. Quizás se ha excedido…

—¡Bueno, no sé! Quizás no sea tan intensa. Quizás sea solo una estupidez. Pero a veces, aunque sé que no eres de los que dejan que nadie entre en sus pensamientos, a veces es… como si ya te conociera… como si supiera lo que estás pensando. O quizás no... ¿Quién puede sumergirse en los pensamientos de otro? ¡Vale! Otra estupidez.

—¡No, no! Mira, Berta, en realidad, la historia no está en dónde te pierdes, sino en dónde te puedes buscar... y si tienes suerte, poder encontrarte. Y quiero pensar que todas las personas, tarde o temprano, acabamos encontrándonos con nosotros mismos. El problema es descubrir si te agrada lo que encuentras. El lugar es lo de menos.

—Demasiada filosofía para mí, escritor. Yo solo sé que ahora mismo no quiero encontrarme. Simplemente quiero esconderme. Y a ser posible que nadie me encuentre... ni siquiera yo misma. Solo eso. Estoy cansada, Antonio. Creo que me voy a casa.

—¿No quieres quedarte conmigo esta noche? Prometo no encontrarte. Ni siquiera buscarte si no quieres. Solo deseo abrazarte.

Berta sonríe.

—Mejor no. Necesito dormir.

—Está bien. Pero Zeus te va a echar de menos

Berta mira al perro, que se sacude el agua. Está jadeando.

—No lo creo. Ahora mismo necesita lo mismo que yo y supongo que tú, descansar... solo descansar.

28
DE NUEVO LA NOCHE

No puedes cambiar todo en una noche, pero una noche puede cambiar todo.

John Updike

La lluvia puede ser absolutamente necesaria para la sequía, beneficiosa para los campos y el medio ambiente. Es vida para casi todas las especies. Indispensable para los hombres... Pero la lluvia también puede mostrar una cara oculta, y una sola gota puede ser el preludio de una terrible tormenta, y entonces puede ser cómplice de muchos percances y amparar muchas desgracias, afectando a los sentidos, sobre todo a los de quienes ya de por sí no acaban de ver nunca el arcoíris. Y cuando tu corazón se empapa, se empapa de lluvia... todo es turbio. Es casi un delirio, porque desearías que saliera definitivamente el sol, un sol que aunque sepas que está tras las nubes se mantiene escondido... y nunca se deja ver.

El padre Benito baja al sótano de la casa parroquial con una linterna en la mano. El fuerte viento y el temporal azotan las ventanas. Ilumina viejas baldas que seguramente nadie, al menos en todos los años que él lleva en el pueblo, ha visto, ni siquiera él. Nunca lo consideró necesario. Son archivos antiguos, periódicos y fotos del pueblo que contienen más polvo que otra cosa. Pero curiosamente todo está ordenado por años, y comienza a rebuscar. El viento golpea fuerte y el sacerdote no se siente del todo paz…

El agua cae incesantemente sobre el cartel de la taberna, que no deja de chirriar. Carmelo está cerrando el bar, no hay nadie, pero siente como si no estuviera solo, como si alguien le vigilara.

—¡Eh! ¿Hay alguien ahí? —dice atemorizado.

Nadie contesta. Cada vez llueve más…

Berta mira caer la lluvia por la ventana de su casa. Su rostro refleja tristeza. En la oscuridad y pese a la tormenta, le parece ver a alguien observándola. Baja la persiana temerosa…

La mujer de las manzanas está sentada en su vieja mesa. Bebe vino de barrica. Mira la televisión, aunque sin prestarle demasiada atención. Sus ojos reflejan su estado de embriaguez. Tiene en la mano un cuchillo que menea como enajenada. La chica de la televisión está ofreciendo el parte meteorológico: "Un frente frío atraviesa Andalucía y nos dejará lluvias y vientos de hasta 150 km. Algo inusual en esta época del año…".

Carmelo cruza por el río despacio en dirección a su casa. Siente un escalofrío. No cree estar solo. Mira hacia atrás, pero no ve a nadie. Lleva su escopeta en el brazo y la acaricia. Parece darle seguridad y comienza a andar más deprisa…

Berta se desnuda y se pone el pijama. No le agrada el sonido de la tormenta. Cierra la puerta con llave y coloca su móvil en la mesilla. Se siente totalmente desamparada. Coge un peluche que reposa a los pies de la cama, una rana, la preferida de su sobrina.

A Carmelo cada vez le cuesta más caminar. Los árboles parecen verdaderos monstruos que demuestran su ira agitándose con violencia. Pero no son solo los árboles lo que le causa miedo. Es la sensación de que alguien le está siguiendo y es imposible reconocer sus pasos con la tormenta.

La mujer de las manzanas comienza a mover su puño golpeando la mesa, con el cuchillo en la mano. En la televisión suena una melodía... la melodía tonta de cualquier concurso.

El padre Benito está sentado en un escalón del sótano. Alrededor de él reposan varios periódicos antiguos. Sostiene concretamente uno sobre sus rodillas. Lo alumbra con la linterna. Es un ejemplar del 1987. Lee el titular:

UN HOMBRE MATA A SEIS MUJERES EN UN PUEBLO DE ANDALUCÍA

Carmelo está aterrorizado. No consigue ver nada. Al final, presa de los nervios, dispara su escopeta sin saber bien hacia dónde. Una lechuza levanta el vuelo asustada por el tiro...

Berta también se ha asustado al oír el impacto. Se agarra fuertemente a su peluche y llora con impotencia y miedo...

El padre Benito se estremece tras leer los recortes del periódico...

La televisión de la mujer de las manzanas sigue encendida. Está comenzando un programa cualquiera de noche... "Ya lo decía Víctor Hugo: 'El infierno está todo en esta palabra: *soledad*'. Y sobre eso hablaremos hoy en nuestro espacio...". Pero la mujer de las manzanas ya no puede escucharlo. Está muerta sobre la mesa. De su boca sale un hilo de sangre aún caliente. Su propio cuchillo está clavado en su ojo. La garrafa de vino está derramada sobre la mesa. La sangre y el vino se mezclan cayendo gota a gota sobre un cesto de manzanas, tiñéndolo todo de rojo... un rojo distorsionado por otros colores que van formando figuras rectangulares, caóticas, fuera de todo sentido lógico y que se mezclan con risas de niña... y una canción:

Caracol, col, col,
saca los cuernos al sol...

Antonio despierta. Está tendido en las escaleras de su casa. Zeus le lame la cara. Su mano está completamente roja... llena de sangre. Al igual que su camisa. En la otra mano sostiene el caleidoscopio, que gotea también. Lo suelta horrorizado y que cae por las escaleras, llegando a la alfombra y parándose al lado de una manzana mordida. Todo está ensangrentado. Antonio no puede casi reaccionar. Zeus lloriquea sin dejar de lamerle las manos manchadas. Oye una voz, la voz de Justa:

—No se preocupe, señor, esto tenía que pasar tarde o temprano.

Antonio se incorpora como puede. Justa está de pie, sobre la alfombra, y recoge despacio la manzana. Le mira fijamente. Y da un mordisco:

—Yo me ocupo de todo, señor. Yo lo limpiaré.

Antonio está completamente exhausto. Escucha de nuevo risas. Mira hacia el salón. Soledad está sentada en el sillón. Sonríe, aunque tiene marcas en su cuello, las marcas de la muerte.

—¿Ves, mamá? Ya te lo dije, ese hombre es el Vímero.

Antonio se levanta agitado gritando:

—¡No! ¡No lo soy!

Zeus ladra nervioso. La imagen de las dos ha desaparecido. Antonio baja las escaleras con dificultad y se dirige al salón.

Coge el ejemplar de *El Vímero* de la estantería; lo abre y lo ojea; entonces se detiene concretamente en una página. Lee en voz alta: "*Cuando el Vímero se siente acorralado, en peligro o desechado por la tierra, solo le queda volver al agua*".

29
LA IRA

Es imposible sufrir sin hacer que alguien pague por ello; cada queja ya contiene venganza.

Friedrich Nietzsche

El toque de difuntos de las campanas resuena en todo el pueblo. La muerte, que lleva acechándolo tanto tiempo, solo deja ese sonido. No hay nadie en las calles, únicamente la queja callada de un lugar maltratado por la desgracia. Se ha levantado un fuerte viento, que arremete contra los árboles y las ventanas, como si se hiciera partícipe de todo ese sufrimiento. Y en medio de ese panorama, una frase: "La bestia que has visto era, pero ya no es, y está a punto de subir del abismo y camina a la perdición...". Es el padre Benito, que está subido en el púlpito. Debajo de él, un ataúd con un pequeño ramo de flores silvestres, que incluso es posible que lo haya puesto el propio padre. Es el ataúd de la mujer de las manzanas. En la iglesia, apenas hay unas diez personas, sobre todo mujeres, que han acudido más por el hábito de lo fúnebre que por la afinidad que pudiera unirlas a la fallecida. Benito continúa leyendo la Biblia, aunque ese día le resulta casi insoportable. No solo por la muerte de otra feligresa, en unas circunstancias de nuevo tan inexplicables y desagradables, sino porque, por una vez en toda su larga vida, siente verdadero miedo. Y observa con lástima los rostros de esa gente que se aferra a un halo de fe, casi sin ni siquiera saber bien lo que eso significa. No es el miedo a morir lo que los define, es simplemente el miedo a vivir, cuando en realidad ya están muertos. Y por un momento no se siente superior a esas personas. Aunque es consciente de que su corazón palpita, eso no significa que él esté más vivo que la mujer de las manzanas... porque si nadie puede evadirse de su propia vida... ¿cómo evadirse de su propia muerte? Pero su labor es, muy a su pesar, la de intentar dar consuelo, aunque no sirva de nada. El consuelo es algo inexistente. Y en estos momentos, Benito ni siquiera sabe cómo consolar.

—Vi a los muertos, grandes y pequeños, y fueron juzgados cada uno según sus obras... —pronuncia casi sin mirar a sus feligreses, desganado.

El fuerte viento golpea en las ventanas con insistencia. El sacerdote está a punto de flaquear, pero continúa leyendo:

—En caridad no hay temor, porque el temor supone castigo... y el que teme no es perfecto en la caridad.

Las puertas de la iglesia se abren de golpe. Carmelo interrumpe bruscamente el sermón del sacerdote. Muchos hombres van con él. Llevan sus escopetas en la mano. Los feligreses se estremecen. Carmelo se dirige al padre Benito:

—Padre, déjese de sermones... ¿Caridad? ¿Está hablando de caridad? ¿Y quién nos va a devolver a los muertos... a los nuestros? ¿Lo va a hacer su Dios? Yo creo que no, y usted, padre lo cree aún menos, así que déjese de historias. ¿Acaso siente algo de caridad su Dios por nosotros?

El padre Benito comienza a sudar, aunque intenta por todos los medios mantener la calma. Y señalando las escopetas, se dirige al enarbolado grupo:

—Os ruego que no entréis en la casa del Señor con esos instrumentos que los carga el diablo.

Carmelo se ríe. Y todos los hombres lo hacen también siguiéndole la corriente:

—¿El diablo? Mientras usted da esos ridículos sermones, el mismo diablo está ahí fuera matando a nuestras mujeres. Nosotros no somos el diablo, padre, pero debemos hacer que el mismo diablo, o lo que sea, desaparezca.

El padre Benito saca fuerzas de donde ni él mismo sabe:

—No juzguéis y no seréis juzgados. Porque con el juicio que juzgáis seréis juzgados; y con la medida que midáis, seréis medidos. Mateo 7:2.

Carmelo está fuera de sí:

—¡Ya está bien, Benito! ¡No más salmos!

Todos los hombres suben sus armas como si fueran realmente a una batalla.

—¡No más salmos! ¡Queremos venganza!

Carmelo está pletórico, cegado por la ira.

—¡Ni más mierdas! Pensábamos que el monstruo habitaba aquí, y dimos muerte al muchacho, *al* Esteban... Aunque se lo mereciera, era solo una fiera, un *tullí*o más de aquí, como lo somos todos. Pero el verdadero mal ha venido de fuera, tal y como dice la maldición. Y si nos hubiéramos dado cuenta antes, *na* de esto habría pasado. Él ha venido para vengarse, pero nosotros acabaremos con él.

Las manos del padre Benito tiemblan como no lo habían hecho nunca.

—El débil se venga, el fuerte perdona, pero solo el sabio deja todo en las manos de Dios. ¡No manchéis vuestras manos! ¡No más sangre! Solo Dios será el juez. ¡Dejad la venganza a Dios!

Carmelo alza su escopeta.

—¡A la mierda usted, padre... y a la mierda Dios!

Las mujeres de la iglesia están atemorizadas. Benito se da cuenta de que se ha desatado el odio y eso solo trae desgracia.

—¡Escuchadme! ¡Vengándose uno se iguala a su enemigo, pero perdonándole se muestra superior a él!

Carmelo le mira con los ojos enrojecidos por la furia.

—Eso es en la Biblia, sacerdote de pacotilla, pero la realidad es muy distinta... y ninguna puta Biblia nos va a ayudar. Y puesto que su Dios no ha hecho nada... pues lo haremos nosotros. ¡Esa es nuestra Biblia! ¡La de verdad!

El padre Benito sabe que su discurso ya no sirve de nada. Y piensa, por un momento, que su castigo por hacer algo de lo que no se arrepiente no ha sido solo el hecho de acabar en ese pueblo, sino que se trata de una penitencia muy diferente...

Todos gritan como si de un ejército se tratara:

—¡Venganza! ¡Venganza! ¡Venganza!

30
EL CASTIGO

El primer castigo del culpable es que su conciencia lo juzga y no lo absuelve nunca.

Juvenal

Una frase en el portátil abierto:

Vivimos solos... siempre solos.

El viento sigue castigando el lugar. No ha dado ni un momento de tregua en todo el mes. Azota las ventanas como perturbado por el odio y la mayor de las rabias.

Alguien sube las escaleras de la casona. Parece nervioso y agitado. Ni siquiera puede llegar a la habitación. Se para de golpe. La puerta está entreabierta, y un río de sangre sale de ella. Es mucha sangre. Sangre que baja por las escaleras inundándolo todo. Llega hasta el salón. Está anegando toda la casa. En el salón, cientos de caracoles se mueven cubiertos por el terrible rojo. Los hay por todas partes. Se mueven desconcertados por las paredes, intentando quizás huir de esa masa pringosa que los envuelve.

Es necesario deshacerse de los caracoles... e intentar no resbalar en el suelo rojizo. ¿Por qué tiene que haber caracoles?

¿Y por qué tanta sangre? ¿Cuándo va a acabar esta pesadilla? De nuevo los lobos... ¡No, los lobos no...! ¡Por favor, los lobos no! Nadie puede evadirse de su propia vida, ni siquiera de sus sentimientos, ni de sus miedos. Las paranoias forman parte de los escritores... ¿Quién podría escribir si no? ¿Algún cuerdo quizás? ¡No! Más bien alguien guiado por lo que no puede explicar, pero que precisamente lo escribe para deshacerse de su propio yo. Plasma sus temores en personajes imaginarios que son distintos, pero a la vez son todos él mismo, para describir algo que desconoce y que casi no puede sentir, pero que le obliga a no sabe bien qué. Algo que puede destruirle, o más bien ya le ha destruido. Algo malvado que le acecha. Todos llevamos algo siniestro dentro de nosotros, aunque intentemos ocultarlo bajo infinitas capas. Pero sigue ahí. Y nos martiriza. Sobre todo porque somos incapaces de encontrarlo. Y cuando tu mente se enajena... es como las manecillas del reloj... de ese reloj que sigue en marcha, aunque siempre da la misma hora.

El reloj suena con más insistencia. La chimenea vuelve a estar encendida. La butaca de nuevo está mirando hacia el fuego. Antonio se acerca despacio y esta vez... le da la vuelta. La mujer de las manzanas está sentada en ella. Su rostro está desfigurado, lleno de gusanos, pero consigue hablar. Su mirada es la propia muerte.

—Ojalá te quedes solo, Vímero mal nacido, *pa* arrancarte tu garganta y te mueras maldecido.

Otra vez el aullido de los lobos.

—¡No! ¡Por favor, dejadme en paz! ¡Dejadme en paz! ¡Quiero morir!

Antonio se acurruca en un rincón tapándose con las manos los oídos. Y piensa que muchas veces la muerte no es peor que lo que te pueda pasar en vida. Porque seguramente tras ella no habrá nada... pero el sufrimiento de lo que llamamos vida es absolutamente insoportable. Pero y si la muerte no es el final…

Y de pronto, el viento parece que arrecia. El tocadiscos se pone en marcha solo. Suena la ópera de *Madama Butterfly*. El aullido de los lobos desaparece… Antonio abre los ojos. Los caracoles tampoco están, ni siquiera hay rastro de sangre. La butaca está en su sitio y la chimenea, apagada. Solamente, un reflejo… una espiral de colores, colores cálidos que se mueven suavemente alineándose hasta construir un perfecto caleidoscopio. Y desde lo lejos una imagen virginal se acerca inundándolo todo. Ahora toda la estancia es blanca… perfectamente blanca y limpia. Incluso parece que todo resplandece. La serenidad lo invade todo. Es como si viera un sendero lleno de luz… como si una tormenta hubiera llegado a su final. Y aunque quedaran resquicios, ya ni siquiera se notan. Por fin… salió el sol.

La puerta se abre. Una mujer vestida de un blanco casi transparente se introduce despacio en la casa. Su vestido deja entrever por las suaves gasas que es un cuerpo perfecto. Su desnudez es pura y radiante. Su rostro solo refleja sosiego y armonía. Lleva en su mano un caleidoscopio.

Antonio se dirige a ella:

—¿Me he muerto? ¡Sé que no eres real! ¡Sé que todo es fruto de mi fantasía! Pero quiero pensar que al menos has venido a rescatarme y devolverme la calma que necesito, a darme cierta paz. Y si esto es la muerte… bienvenida sea.

La mujer se acerca despacio. Al andar parece que iluminara el propio mundo y que tuviera un poder, un poder sobre él: el de alejar todo lo negativo y restablecer el bienestar. Su mirada es serena, su piel delicada, y sus manos, unas manos deseosas de caricias, que acerca hacia él, ofreciéndole el caleidoscopio. Solo una frase sale de su boca, tan sensual como prohibida:

—Nunca vivas la vida como una lucha… porque así, jamás podrás enfrentarte a ella. Solo en la tranquilidad de tu espíritu encontrarás tu propio yo. Y entonces todo será distinto. Y no desearás la muerte.

¿Calma? Claro… ella es la propia calma. Ninfa… sí, es una ninfa, y ha venido a llevarle quién sabe a dónde… Quizás a un lugar donde no hay pasado ni recuerdos, y si los hay, no importan. Un lugar sin pesadillas, un lugar donde nunca llueve, pero si lo hiciera… ella podría resguardarle de la tormenta… Ha venido para salvarle y llevarle a un lugar… un lugar inexistente donde no hay lobos… Ella es… la Ángora, y ya no habrá más lobos… No habrá más lobos… No habrá más lobos… Y ahora bésame… Eres mi ninfa… Eres… eres… solo quiero besarte. Solo en tu cuerpo encontraré la paz. Antonio siente los suaves labios de la ninfa en su cara. Sonríe. Finalmente ha llegado al paraíso.

Berta le despierta. Zeus le está lamiendo la cara. Antonio aparta al perro. Ella está totalmente mojada. El aspecto de Antonio es deplorable. Está acurrucado en una esquina del salón, semidesnudo y sudoroso. Mira a su alrededor, ni siquiera sabe bien dónde está.

—¿Qué haces aquí?

Berta está realmente asustada ante la imagen tan desmejorada de Antonio.

—¿Que qué hago aquí? Llevo un montón de tiempo gritando desde la verja. ¿Es que no me has oído? ¿Ni siquiera has oído ladrar a Zeus? ¡Por Dios! ¡Tu aspecto es lamentable! Y yo estoy empapada. Deberías poner un monumento a tu perro. No sé cómo lo hace, pero ha conseguido abrir la puerta. Más que un perro parece tu ángel de la guarda.

Antonio sigue confuso. Ni siquiera consigue ponerse en pie.

—No deberías haber venido. Estoy bien.

Berta le ayuda a incorporarse. Zeus ladra.

—¿Bien? ¿A esto le llamas estar bien? Benito me alarmó. Y yo estaba preocupada por ti. Y ahora veo que con razón...

Antonio consigue a duras penas recobrar el equilibrio.

—Pues ves mal. Y es mejor que te vayas.

—¿Qué dices? ¿Que me vaya? ¡No! ¡No me iré! ¡Al menos, sin ti!

Antonio mira a Berta extrañado mientras se sienta en el sofá. Ella está cada vez más nerviosa.

—Mira, Antonio... sé que tienes miedo, pero ese miedo es a tu propio miedo, como el que tengo yo...

Antonio intenta sonreír.

—Deberías ser tú la escritora, no yo.

—Antonio, vámonos... Donde tú quieras... Lejos de aquí...

Antonio vuelve a sonreír.

—¿A un lugar inexistente? ¿Me llevarás tú?

Berta no sabe bien de qué habla.

—Bueno... al lugar que sea, da igual. Pero debemos irnos... Ellos ya te han juzgado.

Antonio no tiene casi fuerzas.

—¿Ellos? ¿Quiénes son ellos?

—Todo el pueblo. Ha muerto otra mujer. Ya te lo dije, este pueblo está maldito. Y necesitan un culpable. No pararán hasta consumar su venganza. Y ese vas a ser tú. Para ellos eres el mal... Eres su monstruo... su...

—Ya, su Vímero.

Berta le hace reaccionar:

—¡Sí! Para ellos es lo que eres.

—Ellos no me interesan... ¿Y para ti? ¿También lo soy?

Berta no contesta. Antonio sabe de sobra que el silencio dice mucho más que mil palabras, e incluso puede ser la más significativa de las respuestas. Se levanta despacio y se dirige hacia el viejo tocadiscos. Al fin y al cabo, en el tiempo que ha pasado en ese lugar, puede que haya sido, junto a su fiel perro, su único aliado. Coloca un disco... uno al azar. Ni siquiera quiere saber cuál es... La música amansa a las fieras. Nadie especificó qué tipo de música, al menos no en sus terapias. Y tampoco hacían referencia hacia qué tipo de fieras. Pero como la vida parece ser que juega ella sola sus cartas, fortuitamente suena el aria *Vesti la giubba*. Antonio cierra los ojos. Ninguna pieza tan oportuna para el momento. Cierra los ojos y respira profundamente. Y canta... sí... solo quiere cantar. Zeus al escuchar la música entiende que tiene que tumbarse.

Recitar!! Mentre preso dal delirio,
non so più quel che dico, e quel che faccio!
Eppur è d'uopo, sforzati!

Berta no comprende nada.

—¿Pero qué haces? ¿Es que no me has escuchado? Tienes que irte de aquí. No van a tener piedad. Necesitan un chivo expiatorio y ese eres tú... ¿Es que no lo ves? ¿Es que no te ves? ¡Joder! ¡Vámonos! ¡Vámonos!

Antonio no quiere ver nada. Solo escucha la música y solo ve a Berta como su ninfa, su Ángora. Se acerca despacio a ella y le pone su dedo en los labios para que se calle.

—¿Qué te pasa? —dice ella fuera de sí—. ¿Es que no te importa nada?

Antonio sigue cantando:

Bah! Seti tu forse un uom?
Tu sei Pagliaccio!!

Y comienza a acariciarle el pelo húmedo a Berta. Continúa recorriendo sus mejillas, el cuello, que besa con suavidad... Berta incluso se deja llevar un instante por la música y las caricias de Antonio.

—Tú y yo somos iguales —dice Antonio casi susurrando.

—No, no lo somos

—Sí, mi ninfa... Sí lo somos, y escapar no va a hacer que no suceda lo que tenga que suceder.

—La única cosa que nos une es la soledad... la profunda soledad, y también el miedo. Lo que va a suceder no va a ser agradable... ¿Eres consciente de eso?

—No, ya no soy consciente de nada. Solamente de que te tengo cerca, y que sé que tú eres la única alma que pervivirá por siempre y que, como me has dicho, me llevará a un lugar inexistente.

—Yo no te he dicho eso.

—Sí, sí me lo has dicho... Un lugar sin miedos...

—No, no lo he dicho...

—Un lugar inexistente...

—Pero son solo palabras...

Antonio la coge en brazos y la lleva hacia la habitación, mientras sigue cantando.

—Antonio, tenemos que irnos... —dice Berta inquieta.

—Pues claro, y nos iremos... Pero como me dijiste también... solo con la calma encontraremos nuestro destino.

Berta sonríe.

—¿También te he dicho yo eso?

—¡Claro!

Antonio tumba a Berta sobre la cama mientras la desnuda y la besa apasionadamente. La música sigue sonando. Antonio está pletórico.

—¿Conoces la letra de esta ópera?

—No.

Antonio la traduce mientras esta suena:

—*¡Actuar! Mientras preso del delirio ya no sé ni lo que digo ni lo que hago. Y, sin embargo, es necesario... ¡Esfuérzate! ¿Acaso eres tú un hombre? ¡Eres payaso!*

Berta y Antonio hacen el amor envueltos en la música y las palabras de Antonio, que consiguen que Berta se estremezca de placer.

—*Ríe, payaso... sobre tu amor despedazado. Ríe del dolor que te envenena el corazón...*

Berta sonríe. En ese momento no importa qué es lo que pueda acontecer. En ese momento... hasta el propio momento se ha parado y susurra al oído de Antonio:

—A menudo encontramos nuestro destino por los caminos que tomamos para evitarlo.

La música parece sonar cada vez con más fuerza... hasta llegar al éxtasis. No es la música la que apacigua a las fieras... es la ninfa y su poder, capaz de hacer que por una vez en toda la existencia, algo tenga sentido... aunque sea simplemente por un instante... Lo que pueda ocurrir después no importa... Ya nada importa... Nadie ni nada puede cambiar ese sentimiento... Ni nada puede ser comparable.

31
EL FINAL

En el corazón de todo hombre
está el diablo. Pero no conocemos
la maldad del hombre hasta que
el diablo es despertado.

James Oliver Curwood

Casi todo el pueblo se dirige a la casona con linternas, escopetas y antorchas encendidas. Sus rostros solo reflejan ira. Ni un ápice de entendimiento o piedad... La rabia es algo que no se puede contener, algo que nubla la mente. El odio y el rencor hacen que los actos sean eso, solo actos de su propia existencia... Porque aunque uno sepa que no se sentirá mejor por actuar con violencia, alguien tiene que pagar su malestar, su rabia o su impotencia...

Carmelo grita:

—¡Muerte al monstruo!

Lo hace para afianzar el valor de los que le están siguiendo. Nadie puede decaer.

—¡Él acabó con nuestras mujeres, acabemos con él!

La multitud se viene arriba. Siempre es necesario un líder que tire de la manada. Todos gritan:

—¡Sí, acabemos con la maldición!

Carmelo parece más un gurú. Incluso piensa que el pueblo en ese momento le necesita. Y pese a las circunstancias... en ese instante él se cree, en cierta manera, un semidiós.

—Ya sabéis lo que dice la leyenda: al monstruo solamente se le puede destruir con fuego. Así que ¡démoselo!

Todos alzan sus antorchas como enajenados por las palabras de Carmelo.

—¡Sí! ¡Fuego! ¡Fuego!

Carmelo se siente cada vez más como un salvador, alguien que en esta vida no ha venido nada más que para esa misión... Todo lo demás ha sido simplemente un antecedente, un preliminar. Su objetivo no era otro que ser un héroe, y no fracasará en su intento.

—¡Si tiene hambre... comerá fuego! ¡Y entonces... solo entonces seremos libres!

Cada vez que habla, genera más confianza en su pequeño ejército, y con cada frase suya todos se sienten más fuertes... y más crece su hambre de venganza.

Avanzan despacio hacia la casona. Unas luces frenan su marcha. Son las luces del coche patrulla de policía. El inspector junto con su compañero salen del mismo. El inspector intenta mostrarse como siempre sarcástico, e incluso imponer su fuerza, la fuerza que le otorga su rango, aunque en el fondo siente que esta vez no le va a servir de mucho.

—¡Oigan! ¿Qué es todo esto? ¿Es acaso una especie de fiesta?

Carmelo se siente contrariado, al igual que el resto de los hombres. Pero él necesita seguir representando su papel, y ese hombrecillo no va a conseguir, por mucha placa que tenga, acabar con su liderazgo y, sobre todo, con su cometido. Así que saca valor de donde no sabe bien y desafía al inspector:

—¿A usted esto le parece una fiesta?

El inspector se da cuenta de que esa multitud no va a asustarse ni por su tono ni por su placa. Pero no le queda otro remedio que seguir con su cometido:

—¿A dónde van y con qué propósito?

—¡Vamos a hacer, ni más ni menos, lo que ni usted ni todos sus hombres han hecho! ¡Vamos a hacer justicia!

—¿Justicia? Esto no es justicia. Lo que quieren hacer es un linchamiento ilegal.

—Llámelo como quiera. Nosotros lo llamamos venganza.

Todos gritan, haciendo incluso que el inspector y su ayudante se sientan intimidados.

—¡Sí, venganza! ¡Acabemos con el asesino!

Carmelo mira al inspector con los ojos enrojecidos.

—¡Acabemos de una vez con la maldición!

El inspector saca su pistola.

—En nombre de la ley, no puedo permitir esto.

Carmelo se ríe.

—Usted ya no está al mando, inspector. Ni usted, ni su puta ley que no ha sido capaz de protegernos. Así que apártese. Esto ya no tiene nada que ver con usted.

El inspector apunta a Carmelo con su arma. El ayudante lo hace igualmente.

—Por última vez, les doy orden de que se detengan.

El ayudante es aún más firme:

—¡Deténganse!

Un disparo se escucha distorsionado. El ayudante de policía cae al suelo. Uno de los hombres lo ha disparado con su escopeta. El inspector mira desconcertado a su compañero y empuña con más fuerza la pistola apuntando a Carmelo.

—¡Les ordeno que dejen ya esta insensatez, o tendrán muchos problemas!

Carmelo ríe a carcajadas.

—¿Problemas? Aquí el único problema ahora mismo es usted. ¡Apártese!

El inspector grita en un último esfuerzo de cumplir con su deber:

—¡No! ¡No seguirán con su locura!

Carmelo apunta con su escopeta al inspector y le traviesa de un disparo el corazón. Sonríe. El inspector cae al suelo.

—¡Nosotros no somos los locos, inspector, no, no somos nosotros! ¡Adiós, inspector!

32
EL ENCUENTRO

El cielo, el infierno y el mundo entero está en nosotros. El hombre es un abismo.

Henri-Frédéric Amiel

Antonio y Berta duermen en el dormitorio. Unos fuertes golpes suenan en las ventanas del salón. Zeus comienza a ladrar y a dar vueltas nervioso. Antonio se despierta y mira a Zeus. Él también escucha los golpes. Berta parece seguir durmiendo. Antonio mira a Zeus.

—¿Qué pasa, chico? ¿Quién es? ¡Vamos!

Antonio se levanta y sale de la habitación. Los golpes son cada vez más insistentes. Zeus baja las escaleras deprisa. Antonio va más despacio. Llega hasta el salón. El padre Benito está golpeando la ventana con fuerza.

—¡Debe salir de ahí! Aún está a tiempo… ¡Márchese! ¡Vienen a por usted!

Antonio abre la ventana. El viento entra de pleno en la estancia. Zeus no deja de ladrar.

—Benito, ¿qué hace usted aquí?

El padre Benito está fuera de sí. El murmullo de la gente es cada vez más cercano. Las luces de las linternas ya se perciben.

—¡Vete, muchacho! ¡Tú no tienes culpa de nada! No eres como él, créeme… Eso pasó hace tiempo. Sé quién eres…

Sé quién eres, hijo… Tienes que marcharte… Tú no eres él… Hazme caso… No eres él… ¡Tú no eres como tu padre! ¡Vete, vete ya!

El padre Benito se agarra como puede a una de las ventanas. Antonio observa a la multitud que se acerca a la casa. El columpio comienza a moverse solo y una risa de niña suena de nuevo. La misma voz, la voz de Soledad, pregunta:

—¿Tú eres el Vímero?

Antonio se aparta de la ventana asustado.

—¡Váyase, padre! ¡Es usted el que no debe estar aquí!

Zeus ladrar agitado.

—¡Vamos, Zeus, tranquilo!

Pero Zeus sigue ladrando y se acerca a la puerta. Antonio sube las escaleras deprisa. Y parece como si alguien también las subiera con él, aunque no consigue verlo. Siente sus pasos, incluso su respiración. Y el sonido de sus pasos le asusta aún más. Pero él está solo. En su mente suenan voces: "El Vímero sobrepasa a todos por su perversidad…", "solo el hombre es un lobo para el hombre…".

De nuevo risas y más voces que le susurran: "Es un monstruo que mata gente…", "tú no eres él…", "… y juró que cada cierto tiempo volvería para vengarse", "tú no eres él…".

Antonio entra en la habitación y cierra la puerta. Está exhausto. Se dirige a Berta, que parece seguir durmiendo ajena a todo. La zarandea.

—¡Berta, Berta! ¡Vamos! Tenías razón… Tenemos que irnos… ¡Joder, Zeus! ¡Zeus…! ¡Vámonos donde tú quieras, pero tiene que ser ya… ahora! ¡Despierta, Berta! ¡Despierta! ¡Zeus, ¿dónde estás?!

Berta no se mueve. El bullicio cada vez es más intenso, al igual que los ladridos de Zeus.

Antonio se acerca a la ventana. La muchedumbre está empujando la puerta con tablones. El sacerdote está tirado en el suelo vapuleado y sangriento. Zeus también está fuera y no deja de ladrar mirando hacia la ventana de Antonio.

—¡Maldita sea, Zeus…! ¿Qué haces ahí?

Carmelo también mira hacia la ventana. Su gesto es el gesto del triunfo… Sabe que Antonio lo está observando. Y también sabe que ese perro es lo que más quiere en su vida, por eso lo dispara. El perro cae al suelo, gimiendo. Podría dejarle así, hasta que se desangrara, sufriendo, como él lo hizo con su mujer y sus perros… Poco a poco… hasta que ya no quedara un solo ápice de sangre en su cuerpo. Y esa seguramente habría sido su mejor venganza… Incluso sería lo más lógico: diente por diente… Pero el perro no deja de lamentarse y su gemido hace que Carmelo se ponga aún más nervioso. La mano le tiembla. Uno de los hombres grita:

—¿A qué esperas, Carmelo? ¡Mata a ese puto animal! ¡O se convertirá en otro monstruo! ¡Mátalo, mátalo!

Carmelo mira hacia la ventana. El animal está sufriendo… El pueblo quiere sangre, quiere venganza… Aunque en realidad lo que quiere en definitiva es otra vida… pero eso es imposible. Carmelo lo sabe, con o sin el monstruo nada cambiará. Pero debe hacerlo, todo el mundo está esperando… y dispara, dispara al perro, que ya deja de gemir, y es como si sus problemas se disiparan. Su propia vida pasa en un instante por su cabeza, pero ya no tiene tiempo de cuestionarla. Hay que acabar con el monstruo, ese es el fin… y para eso está él

Un nuevo disparo. Zeus deja de respirar. Antonio lo contempla desde la ventana. Ni siquiera puede llorar. Ahora solo el miedo invade su mente. Se dirige hacia Berta, que parece seguir durmiendo plácidamente.

—¡Berta, Berta!

Retira la manta para despertarla. Berta está muerta. La sangre empapa toda la cama. Antonio se lleva las manos a la cabeza. La abraza, impregnándose de su sangre. De su pecho una corriente viscosa no deja de brotar. Intenta incorporarla. Al hacerlo comprueba que Berta tiene algo extraño en la espalda, y no solo es sangre... es una cicatriz, una cicatriz que no había visto nunca. Antonio la toca con las manos... Es la marca de una serpiente.

La puerta de la habitación se abre. Antonio se asusta. Un niño de unos cinco años los mira perplejo. Antonio se fija en la cara del niño... y cree recordar... por primera vez cree recordar.

—¿Qué haces, papá? ¿Qué pasa?

Ese niño... ese niño es él, que no puede reprimir su llanto. Ese niño que vio algo espantoso y que solo pudo salir corriendo ante tal visión. Y que no dejó de correr y correr. Incluso atravesó el bosque en plena noche sollozando atormentado, tapándose los oídos para no escuchar el perverso aullido de los lobos, que parecía que le siguieran para devorarle... ¿o quizás en ese momento no temía tanto a los lobos como a lo que había dejado atrás en su propia casa?

Antonio intenta tenderle la mano, pero está totalmente ensangrentada. Y llora.

—Nada, hijo. No pasa nada. Vuelve a la cama.

El niño mira hacia la cama y contempla la imagen de Berta muerta. Y sale corriendo. Antonio va tras él

—¡Espera, hijo, hijo...!

Pero en el pasillo no hay nadie. En su mano lleva un cuchillo lleno de sangre que cae al suelo

Pero entonces... ¿quién es verdaderamente él? Desde la puerta de la habitación puede contemplar su aspecto en el espejo. Su apariencia es terrible. Tiene escamas en la piel y alas como si fueran de murciélago. Es el Vímero. Antonio grita:

—¡¡¡Noooo!!!

La muchedumbre está derribando la puerta. El sacerdote, tendido en el suelo reza:

Pater Noster, qui es in caelis,
sanctificétur nomen Tuum,
adveniat Regnum Tuum,
fiat volúntas tua...".

El viento suena con más fuerza. El columpio no deja de moverse solo. De nuevo las risas, risas de niña, aunque no hay nadie. La muchedumbre está subiendo la escalera. Antonio mira por última vez a Berta. Y le habla como si estuviera viva:

—¿Acaso este es el final? Se suponía que tú eras la ninfa... la que me iba a salvar... Y sin embargo yo... yo te he matado... He matado a mi única salvación. ¡Dime algo, Ángora! ¿Es este mi castigo? ¿Debo dejar que esa gente suba y acabe conmigo? ¿Debo hacerlo? ¿Puede ser que también ese sea mi destino y mi final? Por otro lado también deseo acabar con todo... Estoy cansado... Quiero acabar con todo.

Antonio se arrodilla presa del pánico

El olor a fuego está cada vez más cercano. Y de pronto... el fuerte viento hace que la ventana de la habitación se abra de golpe. Antonio mira hacia la ventana...

—¡No, otra pesadilla, no...! ¡Quiero acabar ya!

El viento sigue soplando y entra en la habitación, como susurrándole. Antonio trata de mirar a Berta una vez más. Y escucha la voz de Berta envuelta con el murmullo del viento:

—¡No! ¡No me mires! ¡No debes mirarme! ¡Márchate! Y no dejes que te ahoguen con fuego... Huye del fuego. Yo siempre estaré contigo... pero debes huir... huir del fuego. Solo en el agua te salvarás...

Los hombres están subiendo las escaleras. Antonio mira hacia la ventana... y salta. Cae y no mira hacia atrás. Se ha lesionado un tobillo, pero en ese momento es lo de menos. Echa a correr en dirección al río muy deprisa. No le queda tiempo, tarde o temprano descubrirán que ha huido. Son muchos y muy bien equipados. No tiene nada que hacer. Solo correr. La pierna le duele. Y de nuevo escucha voces... esas malditas voces: "Tú no eres como él...","ellos ya te han juzgado... Tú eres su Vímero..." .

Antonio está cada vez más alterado... ¿Por qué tengo que huir? ¿Soy un monstruo? Puede ser cierto... ¿Soy de verdad su Vímero? Ni siquiera sé lo que es eso. ¿Un monstruo? ¿Un monstruo que mata gente, como decía la niña? Pero tampoco nunca supe lo que he sido... Nadie me explicó qué coño hago en esta vida... Nunca tuve a nadie... ¿Soy ese niño? ¿O soy el hombre perdido que ha matado a esta gente? Quizás no sea ni siquiera escritor... Eso es algo que surgió tras muchos años de terapias y casas de acogida... en las que nadie me explicaba nada... ¡Nada! Y ni siquiera mostraban un mínimo afecto por mí. Puede ser que con razón. Soy solo un reflejo de lo que no quiero ser... pero, en definitiva, ni siquiera sé lo que quiero ser... ¿Soy su monstruo? ¿Soy mi propio monstruo? Si lo soy... debo de dejar de serlo. ¿Soy ese niño? ¿Quién soy? Los lobos son reales, pero los monstruos... ¿lo son? ¿Y de qué forma van disfrazados? Si acaso soy uno de ellos, no debería huir. Debería dejar que acabaran conmigo. Sería lo más fácil y lo más sensato.

La voz de Berta resuena en sus oídos: "Cuando se siente rechazado por la tierra... el Vímero tiene que sumergirse en el agua... Es su única salvación".

Antonio ya no quiere escuchar más voces. No necesita más voces... Ya se acabaron... Se acabó todo... todo... Solo necesita salir de ahí.

Ni siquiera mira hacia atrás. Solamente puede correr y buscar el agua. Las voces siguen sonando en su cabeza y el aullido de los lobos lo persigue. Mira hacia todos los lados, aunque no consigue ver ningún animal. Y piensa que quizás hasta los lobos tengan miedo de él. Aún más miedo del que él siente en esos momentos... porque quizás él sea la peor de las fieras...

peor aún que esos lobos que le han atemorizado toda su vida. Las voces vuelven, mientras corre exhausto hacia el río: "Solo el hombre es un lobo para el hombre...", "los lobos nos protegen...", "no hay que temer a los lobos, sino a los hombres...", "¿Eres tú el Vímero?", "Tú no eres él...".

Antonio llega hasta el río. Le falta la respiración. Mira el agua. El fuerte viento cesa. La voz que escucha ahora es sosegada. Es la voz de Berta: "Venga, vamos... tira una piedra al río. Todo el mundo sabe que si tiras una piedra al río es para pedir un deseo...". Antonio está tenso... coge una piedra y la lanza. De nuevo la voz de Berta: "Y ahora ya sabes lo que tienes que hacer... Yo siempre estaré contigo".

Antonio mira hacia atrás. La casa está ardiendo en llamas. La multitud se acerca hacia el río. No puede reprimir su miedo...

—El agua, el agua... No quiero morir por el fuego... Llévame, mi ninfa, a ese lugar inexistente. Ese, solo ese es mi deseo... Entonces estaremos juntos...

Antonio se arroja al agua. Ni siquiera pretende nadar. Se deja arrastrar por la corriente. El agua le devora como si fuera su presa hasta hacerle desaparecer. Suena de nuevo el silbido horrible que surge del río y que lo inunda todo. El río se manifiesta en forma de espiral, como si un caracol lo envolviera en su caparazón. El agua es sin duda su dueña... Todo el entorno sabe que tiene que desaparecer... para así morir.

33
LA VERDAD

Siempre nos encontraremos a
nosotros mismos en el mar.

E. E. Cummings

El viento ha arreciado. Ahora solamente parece ser un simple soplido… o más bien un susurro. La calma lo inunda todo. No están los hombres con sus escopetas, ni Benito con sus rezos. Ni siquiera está el cuerpo asesinado de Berta. Ni tampoco el de Zeus. En definitiva… no hay nada. Absolutamente, nada. Parece incluso que nunca hubiera pasado nada… O más bien si así fuera, nadie podría dar fe de lo que allí hubiese acontecido. Simplemente porque allí no hay nadie. Hace tiempo que no lo hay.

La casona es solamente una construcción en ruinas. Posiblemente nadie la habita desde hace treinta años. Y está totalmente cerrada. Incluso el escudo está casi sepultado por excrementos de paloma. Solo hay un columpio… o más bien lo que queda de él. Un columpio en el que seguramente algún niño disfrutó en su día… o quizás no. A lo mejor solo fue un simple artilugio que esconde historias siniestras, pero que ya nadie puede contar.

La plaza está vacía. Las hojas cubren todo el suelo. Incluso los árboles que la rodean parecen estar mustios, muertos. Y al fondo de la plaza, lo que pudo ser en su momento una taberna, ahora está totalmente en ruinas. La Iglesia también está abandonada, pero detrás, en el cementerio, entre las lápidas, se pueden leer dos inscripciones, las dos juntas sobre piedras de granito:

ANTONIO PRIETO
1950 - 1987

BERTA MUÑOZ
1955 - 1987

Y sobre las lápidas… una sola frase:

ALGÚN DÍA, EN CUALQUIER PARTE,
TE ENCONTRARÁS A TI MISMO

34
UN LUGAR INEXISTENTE

Al creer apasionadamente en algo que todavía no existe, lo creamos. Lo inexistente es lo que no hemos deseado lo suficiente.

Franz Kafka

Suena el pitido de un contestador:

"Hola, señor Prieto, soy el doctor Cebrián. Le llamo porque no ha acudido a sus citas desde hace más de un mes. Creí que dejamos claro que acudiría. La terapia es muy importante, aunque usted piense que no. Y más en su caso. Espero que recapacite y vuelva. Soy su médico y solo quiero lo mejor para usted. ¡Hágame caso! La próxima cita es mañana jueves a las 10:10. Le espero".

El contestador sigue saltando:

"¿Toni? Soy Sara. Estoy muy preocupada... Toni, sé que estás ahí... Tu coche está en el mismo sitio. No te has ido a ninguna parte, ¿verdad?".

Es un apartamento típico de una persona soltera. Minimalista o más bien desarreglado. Hay botellas de whisky tiradas por el suelo. Las paredes del salón están empapeladas con recortes de periódico. Todas versan sobre el mismo tema. Son periódicos antiguos, de 1987:

UN HOMBRE MATA A SEIS MUJERES EN UN PUEBLO DE ANDALUCÍA
TRÁGICO ASESINATO EN ANDALUCÍA
SEIS MUJERES PERDIERON LA VIDA A CAUSA DE UN PSICÓPATA

Toda la estancia está repleta de recortes de prensa sobre el mismo caso. Hay fotos de las víctimas y un titular marcado con un rotulador rojo. Es la opinión de un experto, el doctor Miguel Cebrián:

"Al parecer, el asesino, Antonio Prieto, sufría una esquizofrenia paranoide que le hacía escuchar voces y que le llevó a cometer esos terribles crímenes. Si hubiera sido tratado en su momento, su comportamiento no habría desembocado en esta atrocidad".

El contestador sigue pitando. La voz de Sara vuelve a sonar: "Toni, ¿estás bien? Veo luz en tu apartamento...".

Sobre la mesa hay más recortes... Y uno se encuentra en medio de todos:

EL ASESINO DE MUJERES MATA A SU PROPIA ESPOSA EN PRESENCIA DE SU HIJO Y DESPUÉS SE TIRA AL RÍO... NO SE HA ENCONTRADO SU CUERPO. EL NIÑO FUE HALLADO EN MEDIO DEL BOSQUE, INCONSCIENTE. NO RECUERDA NADA DE LO SUCEDIDO.

La foto del asesino está al fondo, atravesada por numerosos alfileres, a modo de vudú.

El contestador vuelve a sonar. Se escucha de nuevo la voz del doctor Cebrián:

"El subconsciente es algo tremendamente complicado. Crees tener algo dormido en tu mente y, de pronto, despierta... y estalla. Y estalla a su forma y a su libre albedrío. Lo importante es saber manejar a tu subconsciente, porque si no lo haces... él se hará dueño de tu destino. Y entonces, estás perdido... totalmente perdido. Antonio, no falte a su cita... Es importante, muy importante...".

Un aparato de CD autoprogramado comienza a sonar. Es la música de *Pagliacci*, que impregna con su risa la absoluta fatalidad. Al mismo tiempo, la impresora, igualmente programada, no deja de soltar folios, amontonándose uno detrás de otro. Sobre el escritorio, un caleidoscopio y un reloj. Un reloj que marca concretamente las 10:10. A su lado, una fotografía... es Antonio de niño, sentado en el columpio de la casa. Alguien posa junto a él sonriente... Es su padre... el mismo hombre del periódico.

La vida es como un columpio, lo que hoy puede parecer un juego divertido en el que incluso crees por momentos que podrías llegar a volar... se puede convertir en una caída al peor abismos de tus sueños. Ese columpio significa para Antonio todo su pasado, aunque él no pueda recordarlo. Pero también representa toda su vida. Su balanceo refleja el propio devenir de su existencia. Y ese movimiento que chirría repleto de felicidad, la que pudo experimentar en algún momento, también puede convertirse en un sonido terrible e irritante. Y cada vez te elevas más y más... Incluso crees que vas a alcanzar el cielo... Todo parece ir bien... hasta que de pronto las risas se convierten en un horrible pánico, porque crees que vas a caer... Y entonces quieres parar... quieres que alguien pare ese columpio... ese estúpido columpio... ¡El juego ya no me gusta, papá! ¡Para ya...! ¡Ya no me gusta! Voy a caerme... ¡tengo miedo, papá! ¡Papá, no...!

Del baño comienza a salir agua... de un color rojizo.

En la bañera reposa el cuerpo de Antonio desnudo. El agua está completamente roja. Las manos sobresalen de la bañera y muestran los signos de cortes en ambas muñecas. El grifo sigue abierto y el agua mezclada con la sangre está inundando la casa.

Porque toda el agua de un río no puede hacer que la sangre desaparezca, y tampoco puede limpiar las heridas del alma. Y aunque brote como un remolino, o como un caleidoscopio... el agua nunca podrá acabar con la sangre... porque es mucho más fuerte. El dolor siempre es más fuerte... y a veces, incontrolable. El agua es vida... pero también puede ser muerte. Y cuando agua y sangre se funden, al final... no queda nada.

La mirada detenida de Antonio es relajada. Quizás por primera vez en toda su vida.

Un nuevo mensaje en el contestador; otra vez Sara:

"Solo espero que no hayas dejado la medicación... ¿Has vuelto a recaer, Toni? ¡Dime que no! Sabes que puedes llamarme... ¡Soy tu amiga! Toni, a la mierda la puta novela... ¡Llámame, por favor!".

La música continúa sonando. Del ordenador sale la última página:

Él la rodeó con sus brazos... *Había matado a la Ángora y sintió miedo... miedo de su propio miedo.*

Y, finalmente, el título, que se desplaza sobre todos los folios suavemente, como llevado por el viento...

LA CASA DEL CARACOL

Una novela de Antonio Prieto

El contestador vuelve a saltar. De nuevo es Sara:
"Toni, Toni... ¡Voy a llamar a la policía! ¡Toni...!".

Confiad en los sueños, ya que en ellos se esconde la puerta de la eternidad.

Khalil Gibran

Dicen que el Vímero nunca muere y que vuelve cada cierto tiempo para vengarse. Mientras tanto, reposará en un lugar imposible de definir, donde no hay lobos, ni existe la soledad, y donde, sobre todo… no existe el miedo. Un lugar increíble… En definitiva, un lugar inexistente. El lugar de la eternidad… Y, quién sabe, a lo mejor allí puede que esté ella… su Ángora.

Fin

Cuando llegó a mí la novela de *La casa del caracol*, ya sabía que la historia se convertiría pronto en mi primer largometraje, la culminación de un sueño.
Ha sido un reto para mí trasladar en imagen esa atmósfera envolvente, darle forma a unos personajes complejos y viajar con ellos hacia sus miedos y frustraciones. ¡Qué viaje más intenso!
Todo comienza aquí, en estas páginas, en este libro.
Disfrutad de la lectura.

Macarena Astorga
Directora

¿Creéis en la magia? Pues todo lo que rodea este libro es mágico. Su contenido, sus personajes, su esencia, su escritura, el momento en el que Álvaro Ariza, productor, me ofrece subirme al barco para acompañarle en el equipo, la coyuntura de haber rodado con una pandemia mundial por medio, los actores que la han interpretado, todas las circunstancias que han rodeado su preparación y rodaje, su directora, el equipo, todo lo que ha hecho posible tener esta novela en las manos... todo... ha sido, es y será mágico... ¡cuidado con lo que deseáis queridos lectores!, a mi me cayó este libro entre las manos... y, ¡lo conseguí!

Maria Luisa Gutiérrez
Productora. Bowfinger Int. Pictures

Producir *La casa del caracol* ha sido para mí una de las más gratas experiencias de mi vida profesional.

Cuando leí el libro, no podía dejar de ver las apasionantes imágenes que me ofrecía, pero no era capaz de imaginar aún cuántos grandes momentos me esperaban.

Adaptar la historia para situarla en Andalucía, formar tándem con María Luisa Gutiérrez, la mejor de las compañeras de viaje posibles, apostar por Macarena Astorga como capitana y comprobar que no nos habíamos equivocado y, con este reparto de lujo rodar en tiempos de pandemia... sin duda ha sido intenso, pero ha resultado tan apasionante como lo fue aquella primera lectura.

Álvaro Ariza
Productor. Esto también pasará